A ARTE CASEIRA DE FAZER
PÃES NATURAIS

GROUND

livros para uma nova consciência

Romélia Meyer

A ARTE CASEIRA DE FAZER
PÃES NATURAIS

5ª edição revista

Editora Ground

Revisão: Editora Ground
Capa: Design CRV
Ilustração da pág. 11: Roberta Masciarelli
Editoração eletrônica: Spress Diagramação e Design

CIP-BRASIL. CATALOGAÇÃO-NA-FONTE
SINDICATO NACIONAL DOS EDITORES DE LIVROS, RJ

M559a
5.ed.

Meyer, Romélia C. A.
A arte caseira de fazer pães naturais / Romélia Meyer. - 5.ed., rev. - São Paulo : Ground, 2010.

ISBN 978-85-7187-221-9

1. Pão. I. Título.

10-5354. CDD: 641.815
CDU: 664.6

18.10.10 03.11.10 022346

EDITORA GROUND LTDA.
Rua Hélade, 125 G – Jd. Brasil
04634-000 São Paulo – SP
Tels.: (11)5031.1500 / (11)3571.4655
vendas@ground.com.br
www.ground.com.br

A farinha leve que o vento espalha, a água límpida que jorra da fonte, o leite espumoso e quente, o fermento estático e acre, o sal forte que pica os lábios vão sofrer uma alteração. Você vai unir esses elementos e como em magia transformá-los em massa suave que passará pela quentura de suas mãos ternas. Você vai fazer algo que não seja como a farinha que voa, nem como a água que escorre, ou como o sal que queima, não será algo picante como o fermento.

Você vai fazer UM PÃO! Vai amassá-lo com o amor de seu coração pensando na alegria de poder viver, de ter família, amigos, vizinhos com os quais compartilhará o trabalho de suas mãos – um presente de amor. Vai pensar nos outros e a solidão não terá lugar em seu coração. O dia de fazer pão é dia de festa. Sua mágica vai produzir o resultado – um pão grande, bonito e cheiroso com aspecto e sabor diferentes dos ingredientes empregados. Da sábia união desses elementos seguiu-se a transformação.

A fabricação do pão é obra conjunta do ser humano com a natureza – é um abraço de ternura quente entre o ser humano e o produto da terra – o grão de trigo.

Desse abraço carinhoso surge o PÃO NOSSO DE CADA DIA.

SUMÁRIO

Introdução, 9

FAZER PÃO, 11

RECEITAS, 47
Pães de trigo integral, 49
Pãezinhos, 67
Pães orientais, 81
Pães de triguilho, 87
Pães de centeio, 93
Pães de fubá, 105
Pães de germe de trigo, 109
Pumperncikel (pães escuros de centeio integral), 115
Pães de soja, 125
Pães de aveia, 131
Pães de trigo sarraceno ou mourisco, 143
Pães com misturas de cereais, 149
Pães integrais com tubérculos e legumes, 155
Pães-bolos, 165
Muffins (bolinhos), 171
Brioches, croissants e popovers, 179
Pizzas, 185
Panquecas, 189
Waffles, 195

Índice, 199

INTRODUÇÃO

Este livro foi escrito para satisfazer o meu desejo de compartilhar o entusiasmo pela gratificante atividade de fazer pães, e para atender à solicitação de pessoas que se interessam pelos produtos naturais e integrais.

Há, no mercado editorial, muitas publicações que tratam de comidas naturais e receitas com produtos completos para cardápios, mas poucas orientam sobre pães feitos com as farinhas e elementos naturais.

Os pães são importantes na alimentação e especialmente os integrais constituem a base sólida de uma alimentação cuidada, por isso a necessidade de se divulgar o valor do pão feito com tais farinhas.

Foi meu desejo trazer ao conhecimento do público e dos interessados as variadas e diferentes farinhas integrais e suas propriedades, e mostrar como as proporções nas combinações são importantes e devem ser obedecidas para se obter um bom resultado final, acrescentando a minha experiência acerca da conservação dessas farinhas, de sua qualidade e do sabor que dão aos pães.

Apresento-o, então, como aquele que irá ajudar os interessados em produtos naturais a fabricarem seu pão – pão que na certa será saboroso, terá bela cor e a riqueza de ser preparado com uma farinha de alto valor nutritivo, visto que produzida pelos grãos inteiros com todos os seus nutrientes.

A autora

FAZER PÃO

Essa arte antiga de preparar o pão, alimento básico para a vida, já era praticada há mais de 5.000 anos pelos egípcios, que usavam farinhas diversas, faziam pães sem levedo e descobriram maneiras de fazer levedar a massa do pão, tornando-o crescido. Eles também costumavam decorar seus pães com sementes de gergelim, ou seja, sésamo, e com sementes de papoula, acrescentando ao pão o bom sabor desses elementos torrados.

Hoje em dia, cresce o número dos que querem fabricar seu próprio pão. Razões diversas levam a esse exercício que, pessoalmente, acho fascinante e compensador.

Todos podemos sentir o prazer criativo de fazer o pão e nos alegrar como mágicos, que transformam aparências e gostos de elementos isolados em uma só massa, mistura bem equilibrada de ingredientes, com bela aparência e sabor agradável.

Para prepararmos nosso pão vamos necessitar de um mínimo de utensílios e ingredientes apropriados.

Utensílios

Geralmente, quando se faz pão pela primeira vez não se tem em casa todo o equipamento necessário. Isso soluciona-se com a continuidade desse exercício. À medida que se variam as receitas, verifica-se que são necessárias mais tigelas, mais colheres de pau, grelhas para esfriar o pão, etc.

Este livro não quer alimentar nem sugerir o consumismo – não é pelo fato de se ter as mais modernas formas e o equipamento mais caro que o pão tem bom gosto, é belo e delicioso. Eles não são o requisito infalível para se conseguir um pão caseiro cheiroso, crescido, um sucesso! Fazer pão é um ato inteligente, cheio de amor, de respeito, de criatividade.

Aconselhamos os principiantes na arte da fabricação do pão caseiro a fazerem um levantamento de tudo o que têm em casa que pode ser empregado nessa operação. Encorajamo-los a utilizarem o que tiverem.

Pensamos nos que vivem em apartamentos e nos que vivem em fazendas e sítios, nos que têm cozinhas grandes e nos que conseguem trabalhar em cozinhas minúsculas. Assim, há aquisições inúteis que só iriam ocupar lugar, o que diminuiria ainda mais o espaço onde ele já é pequeno.

Faremos menção a equipamentos, mas isso não é necessidade imperiosa. *Amor* e *imaginação* são capazes de resolver muita coisa.

Eis aqui sugestões de utensílios:

TIGELAS

Uma tigela grande para fazer a massa do pão. Às vezes, a receita leva mais de 1 quilo de farinha; às vezes, a família é grande e a quantidade de massa também. Nesses casos, as bacias são úteis.

Uma tigela média ou pequena para dissolver o fermento. É obvio que ele pode ser dissolvido em outros recipientes –, leiteiras pequenas, ou outras vasilhas adequadas.

MEDIDAS-PADRÃO

Xícaras e colheres padronizadas já existem no mercado. As xícaras vêm juntas – 1 xícara, ½ xícara, ⅓ xícara, ¼ xícara. Da mesma forma as colheres – 1 colher de sopa, ½ colher de sopa, 1 colher de chá, ½ colher de chá, ¼ e ⅛ de colher de chá. É obvio que essas medidas são sempre *rasas*, daí a precisão. Quem não as tem pode escolher suas próprias medidas em casa.

Há utensílios de vidro refratário (pirex) tipo leiteira com medidas, e, ainda, copos altos de plástico com diferentes medidas também.

COLHERES DE PAU

Uma grande e forte, para bater a massa, e outra pequena, para dissolver o fermento. A madeira é recomendada para essas operações. Aqui é importante lembrar que as colheres de pau absorvem cheiro e gosto de cebola e alho dos refogados. Seria conveniente que as colheres usadas para o pão tivessem marca (sempre marquei minhas colheres, escrevendo em azul: *doce*, e, em vermelho: *sal*).

PENEIRA (UMA OU MAIS)

Para coar líquidos, caldo de laranja, limão, etc. Toda farinha deve ser peneirada – essa é minha prática. O resíduo que ficar na peneira deve ser verificado – se for limpo e bom vai para a farinha.

Às vezes, acontece de a farinha vir com "visitantes" indesejáveis, corpos estranhos que devem ser eliminados. Por vezes, há impurezas nas dobras dos próprios saquinhos. É mais fácil peneirar tudo e evitar trabalhos posteriores. *Peneire sempre uma quantidade maior do que a pedida na receita.*

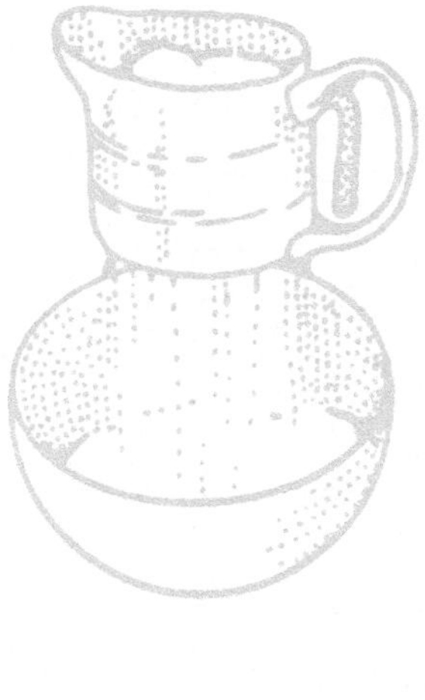

FACAS

Uma faca bem afiada, para dar cortes na massa. Uma faca arredondada na ponta, para auxiliar a retirar o pão da forma. Faca de pão – serrilhada –, para parti-lo sem forçar e sem estragar as fatias.

PINCEL

Um para pincelar o pão com ovo batido; outro, para untar assadeiras ou formas. Os pincéis devem ser diferentes, pois o brilho do ovo requer pincel limpo. Nos sítios e fazendas, usava-se pena de galinha para pincelar os pães. Excelente – ela é leve, não faz a massa abaixar. Há quem use papel macio para pincelar o pão, e papel comum, para untar as formas. Ótimo!

BATEDEIRA ELÉTRICA

Aos que desejarem facilitar o trabalho ela é útil. Eu nunca a uso, prefiro bater com a colher de pau.

ROLO DE ABRIR MASSA

Há receitas que indicam massa estendida em retângulo. Faço isso com as mãos. O rolo tem a vantagem de igualar maior superfície que a conseguida com as mãos. Feche-o bem depois!

FORMAS E ASSADEIRAS

Aos que preferem pães com formatos próprios, criações pessoais ou os redondos, ovais, longos, tranças, coroas, as assadeiras serão necessárias. *Sempre* untadas ou enfarinhadas.

Aos que desejarem pães regularmente moldados, retangulares como os de forma, são necessárias formas de pão. Para o forno, geladeira, e *freezer,* as formas retangulares ocupam menos espaço tornando-se assim mais práticas; Aos que desejarem pães "enformados" e não tiverem formas aconselhamos guardar – para uso – as latas de óleo e outras. Destas, as altas ou cilíndricas são fáceis de serem abertas; bata bem os bordos, alise-os. Darão lindos panetones – para uma só pessoa – altos, para serem cortados transversalmente. Exigem, pela altura, que sejam colocadas na grelha inferior do forno.

Formas de panetone também podem ser feitas em casa com sacos de papel ou ainda com tiras de papelão amarradas com barbante e forradas com folha de alumínio. As padarias vendem-nas também de papel.

Vasos de cerâmica bem lavados dão pães originais que enfeitarão a mesa do café.

Vasilhames de alumínio, que os mercados utilizam para a venda de produtos temperados ou já prontos, também podem ser utilizados como formas e dão bom resultado.

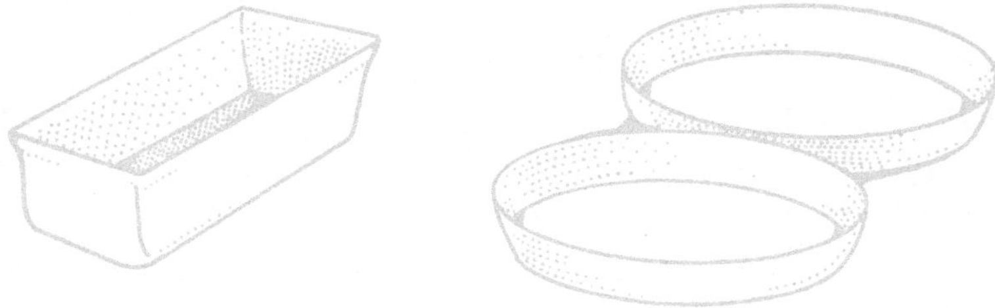

Acerte bem seu formato antes de colocar a massa de pão.

Pirex e refratários podem ser usados como formas, porém lembre-se de que retêm calor e a temperatura alta do forno é perigosa. Se for utilizá-las, diminua um pouco a temperatura, de 10 a 20°C, ou vigie-o de modo a não permitir que o pão se queime.

Atenção: Ao colocar as formas de pão no forno, deixe espaço suficiente entre elas para permitir que o ar quente possa circular livremente.

FORNOS

Há fornos a gás e a eletricidade, com termostatos que funcionam normalmente. Há termostatos que não regulam de maneira alguma. Há fornos a gás e eletricidade, sem termostatos. O que se deve fazer nesse caso é *aprender a conhecer seu forno.* Quando a receita pedir forno moderado ou médio, tome o sinal das temperaturas máxima e mínima como referência e procure a média das duas; se a receita pedir pouco acima ou abaixo da moderada ou média, coloque o botão do forno mais para o lado da máxima ou mais para o lado da mínima, conforme o caso (ver temperaturas específicas, página 28).

Há os famosos fornos a lenha que estão voltando com sucesso – fornos de adobe também. Aí os entendidos saberão controlar as temperaturas.

Os elétricos, pequenos, são também muito bons, distribuem o calor por igual.

Atenção: Todo o equipamento, inclusive tábua para amassar o pão, mesa, bacias, tigelas etc., deverá estar sempre muito limpo. Depois de limpar bem (lavar após o uso) a tábua para amassar o pão, eu ainda passo álcool para retirar qualquer impureza.

Ingredientes

Para o fabrico do pão quotidiano são necessários quatro elementos fundamentais: farinha, água, sal e fermento, que podem ser combinados, misturando-os nas proporções adequadas, e faz-se a massa que deve crescer até dobrar de volume. Então faz-se o pão segundo o estilo, gosto ou necessidade de cada um. O pão cresce outra vez antes de ir ao forno e, lá, sob calor controlado, cresce mais um pouco e vai assando. Da boa qualidade dos ingredientes depende o resultado.

A farinha é básica na preparação do pão; a melhor para isso é a de trigo. As outras farinhas de cereais e leguminosas como a de soja e alfarroba* são consideradas "aditivos", pois não contêm glúten suficiente para fazer crescer o pão. Sozinhas dão pão pesado, duro; devem, pois, ser misturadas com a farinha de trigo, que é a melhor e que contém mais glúten. As farinhas são resultado da moagem de grãos maduros dos cereais e da leguminosa soja.

---

* Alfarroba – planta leguminosa cujos grãos dão farinha escura como chocolate. Usa-se na Europa e Estados Unidos como substituto do cacau, com vantagem sobre este. No Rio Grande do Norte, os fazendeiros já fizeram experiência com essa planta, que pode alimentar o homem e os animais.

Espécies de farinhas

DE TRIGO INTEGRAL

É a farinha do grão inteiro de trigo: o envelope (fibra ou areio), o germe (a parte mais rica do grão) e o endosperma, ou seja, o resto do grão. Contém vitaminas B e E, proteína e sais minerais – magnésio, potássio, ferro. Chama-se farinha de trigo integral e em alguns países também é chamada completa. Essa terminologia aplica-se também a uma mistura de trigo com centeio ou outras misturas, de acordo com os moinhos que lançam suas próprias receitas de farinha "completa."

Há diferentes tipos de trigo – alguns, os chamados duros, dão bons pães, pois são mais ricos em glúten e minerais; tornam o pão mais firme.

Há diferentes tipos de moagem – grossa, média e fina. A grossa é mais difícil de trabalhar, absorve mais água e mais fermento.

DE TRIGO BRANCA

É a farinha pobre, da qual foram retirados o farelo, a aleurona, que é a camada de cor escura que cobre o grão e é rica em matérias minerais, vitaminas, proteína, e o germe. Às vezes, é tratada com gás para branquear. Depois de reduzida à pobreza, é enriquecida, pelo acréscimo de vitaminas... Seu glúten, no entanto, é superior ao encontrado na farinha integral, por isso a mistura de uma com a outra produz bom resultado. Conserva-se melhor que a farinha integral, pois não contém gordura.

GRAHAM

É farinha de trigo integral em cuja moagem grossa o farelo foi deixado em flocos grandes (era moída no moinho de pedras). É usada como farinha de trigo integral. Foi o Dr. Sylvester Graham quem a desenvolveu no século passado, e seu uso continua.

DE TRIGO MOURISCO OU SARRACENO

É semente triangular de trigo nativo da Rússia. Os franceses utilizam esse tipo de farinha de trigo escuro, chamado por eles de *blé noir para* os famosos *crepes* (panquecas finas) da Normandia. É pobre em glúten. A mistura com a farinha de trigo se impõe na preparação do pão comum – 1/3 do total da farinha.

DE TRIGO QUEBRADO – BULGUR OU TRIGUILHO

É o trigo usado para fazer quibe. É trigo integral (assim confiamos) grosseiramente moído. Dá bom gosto aos pães, deixa-os bonitos e firmes. Os minúsculos pedaços de trigo dão um leve gosto de nozes.

DE CENTEIO

É farinha com pouco glúten. Seu uso é recomendado em combinação com a farinha de trigo na proporção de 1/3 ou 1/4 do total de farinha de trigo. A massa com essa farinha torna-se colante, e o pão fica com a massa mais úmida. Conserva-se bem, no entanto. O grão contém flúor que favorece a dentição. Existe centeio claro, médio, escuro. Aqui no Brasil usamos indistintamente o nacional e o importado com resultados semelhantes.

DE CEVADA

Finamente moído, o grão da cevada produz farinha que poderá ser usada em combinação com a de trigo. A proporção é de 1/3 ou 1/4 do total de farinha de trigo. Dá contextura de bolo ao pão e esfarinha um pouco.

DE TRITICALE

Cereal já cultivado no Brasil – grão híbrido produzido pelo cruzamento de centeio e trigo – produz farinha semelhante à do centeio. Em termos de quantidade e qualidade de proteína, o triticale é mais rico que os dois – trigo e centeio. Há também um melhor balanço dos aminoácidos que formam sua proteína. Seu teor de glúten é, contudo, pequeno, o que significa que devemos misturá-lo com o trigo na proporção de 1/3 ou 1/4 do total da farinha.

DE MILHO

Aqui no Brasil é mais conhecida por fubá. Há tipos finos (fubá mimoso) e mais grossos. Existe bem amarela e mais clara. Normalmente para misturar no pão é o tipo comum. Não contém glúten, e as combinações terão de ser sábias. O máximo deverá ser de 20%. Em 10 xícaras de farinha só 2 deverão ser de fubá. Eu uso 1 xícara para cada 6 de farinha de trigo.

DE AVEIA

Como é conhecida no Brasil ou flocos de aveia. Temos diferentes apresentações: integrais, grossas, finas, pré-cozidas. É um aos mais ricos cereais. Contém proteína, fósforo e gordura.

O pão feito com aveia é rico e macio. Para cortá-lo, é preciso esperar que esteja bem frio.

DE SORGO

Cereal existente no Brasil e cultivado em diversas regiões, nem sempre o encontramos para a panificação, pois é utilizado para a alimentação dos animais. Ao usá-lo para o pão temos de observar a proporção de 6 xícaras de farinha para 1 xícara de farinha de sorgo. Dá bom gosto ao pão.

DE SOJA

Essa farinha provém de uma leguminosa e seu teor de proteína é elevado. Tem cheiro e gosto fortes devendo ser usada com moderação. Não contém glúten, o que torna necessário misturá-la com cautela com outras farinhas. Possui alto teor alimentício.

DE GERME DE TRIGO

Não se trata aqui de farinha de grão especial, mas da obtida pela moagem de parte do grão de trigo. Contém vitaminas, sais minerais e gordura. Enriquece o pão, dá-lhe bom gosto e torna-o macio.

FARELO OU FIBRA DE TRIGO

É a parte exterior que cobre o grão. É rico em celulose e ativa as funções intestinais.

DE GLÚTEN

Tecnicamente falando não é uma farinha; trata-se do produto farináceo conseguido pela eliminação de quase todo o amido do trigo. É a proteína do grão. É empregada no fabrico de pães para dietas, especialmente dos diabéticos. Normalmente essa farinha de glúten é vendida em embalagens contendo já a receita exata para a proporção.

Conservação das farinhas

Todos os produtos integrais (também conhecidos por completos) são suscetíveis de perecerem com facilidade. Eles contêm óleos e gorduras que causam deterioração, tornando as farinhas rançosas. Devem ser conservados na geladeira, fechados.

Cada vez que se for fazer pães é importante rever as receitas e retirar as quantidades de ingredientes solicitadas. Deve-se retirar sempre *mais farinha* do que pedem as receitas. Depois de retiradas as porções necessárias, os produtos devem retornar à geladeira para sua conservação.

LÍQUIDOS

A espécie de líquido que se usa para a fabricação do pão é também responsável pelo resultado final. A água, por exemplo, torna a crosta do pão mais áspera e crocante como se nota no pão francês. O leite produz massa suave e crosta macia. Algumas receitas pedem leite fervente ou recomendam que "escaldem" o fubá, a aveia ou o trigo para quibe com leite ou água.

Escaldar significa que o leite ou água devem ficar em fogo forte até começarem a borbulhar nos bordos. Esse processo de "escaldar" o leite é necessário para leites não-pasteurizados, a fim de se destruir uma enzima que produz pães pegajosos, gomosos.

Há quem ferva sempre o leite para ser usado morno, depois, na massa do pão, alegando que o leite fervido dá melhor gosto à massa.

Outros tipos de líquidos que se pode usar nos pães: água do cozimento de batatas (que tem também valor fermentativo), de cará, de inhame (sempre morna); caldo de feijão, de soja; sucos de frutas ou legumes, cerveja, iogurte etc.

ADOÇANTES

O principal é o mel, que é adoçante natural. Temos ainda o melado de cana (e o de alfarroba no Rio Grande do Norte), o extrato de malte, o açúcar mascavo, a rapadura e o açúcar demerara – aquele que não é clarificado, não passa por tratamento com produtos químicos.

A função do açúcar é estimular e "alimentar" o fermento, que então produz gás e faz o pão crescer. Os adoçantes ainda têm outras funções: ajudam a dourar o pão; auxiliam sua conservação, preservando-o de deteriorações rápidas e dão-lhe sabor e cheiro, além de também colorir a massa.

Quando se coloca muito açúcar para dissolver o fermento, ele "rouba" para si o líquido, e o crescimento do fermento não é tão bom. Se se coloca demasiado açúcar na massa do pão, este corre o risco de queimar-se.

O melado puro e gostoso pode facilmente ser feito em casa; aromatizado com folhas de figo (2 ou 3) será ainda melhor.

Receita de melado

Escolha boa rapadura, coloque-a em panela alta (pois derretida, sobe rapidamente) cubra-a de água e deixe ferver. Se quiser, acrescente folhas de figo (dão bom cheiro). É necessário vigiar, para não derramar. Diminua o fogo para o mínimo e deixe ficar até conseguir consistência média – nem rala, nem fina demais, nem muito espessa. Coe o melado, coloque em recipiente que tenha tampa. Conserve-o sempre na geladeira. Antes de fazer o pão, retire-o (ou só a quantidade de que necessitar) a fim de que esteja em temperatura ambiente. Isso não será necessário se os líquidos forem aquecidos para a massa do pão.

OVOS

Dão cor à massa, melhoram o sabor, tornam a crosta mais macia e a massa rica e suave. A crosta do pão com ovos é mais fina. Também são usados para pincelar pães, pãezinhos, tranças, coroas, embelezando-os.

SAL

Há pessoas que não querem sal nos pães; outras há que diminuiram consideravelmente a sua quantidade; e, finalmente, existem aquelas que só apreciam o pão quando podem sentir bem o sal. É ingrediente de uso controvertido. Deve-se colocar sempre um pouco, porque ele controla o crescimento do fermento. Se for demais, entrava esse crescimento e o pão fica pesado, altera-se o sabor. No organismo, aumenta a pressão sanguínea, causa retenção de líquidos etc.

TEMPEROS, CONDIMENTOS, ESPECIARIAS

Temperos frescos da horta – salsa, cebolinha, orégano – podem ser colocados na massa de pães salgados para sanduíches, hamburgueres etc.

Especiarias como cravo, canela, noz-moscada, cardamomo moído, sementes de linho (linhaça), erva-doce, anis, kümmel, casca de laranja ou de limão raladas, passas, nozes, pecans, amêndoas – enriquecerão o pão no odor, gosto e aparência, dando requinte e beleza ao pão caseiro.

SEMENTES, GRÃOS QUEBRADOS E OUTRAS DECORAÇÕES

Para decorar os pães antes de irem para o forno, pincelam-se com clara de ovo e água ou com gema de ovo e água; às vezes pode-se utilizar o ovo todo. Pode-se salpicá-los com sementes de gergelim ou de papoula. Castanhas-do-pará quebradas decoram bem, dão cheiro delicioso e são gostosas, torradas, sobre o pão.

Tanto a clara como a gema, assim como o ovo, devem ser ligeiramente batidos antes de se pincelar os pães com eles.

Na Europa, é costume decorar os pães com os grãos bem quebrados. Até dentro da massa costumam-se colocar *grãos inteiros*. Para isso, é necessário que se deixem os grãos de molho por 24 horas, para incharem. Depois, devem ser cozidos em panela de pressão por 30 minutos nessa mesma quantidade de água, e deixados amornar antes de serem colocados na massa do pão.

Fermentos

FERMENTO OU LEVEDO

Mencionamos o fermento, também conhecido por levedo, pois é utilizado na maioria dos pães. Nem todos os pães, porém, são feitos com fermento. Todos nós já estamos familiarizados com a expressão pães ázimos, significando pães sem fermento. Sua história remonta aos tempos de escravidão do povo hebreu em terras egípcias. Menções a esses pães existem no Antigo e no Novo Testamento (Gênesis 19:3; Juízes 6:19; Lucas 22:1; Atos 20:6). Até hoje, muita gente utiliza pães sem fermento. Sua descoberta, no entanto, data de mais de 5.000 anos.

O fermento para pão é a substância viva responsável pelo crescimento do pão. Há diversas possibilidades de se conseguir, com diferentes ingredientes, uma fermentação que atue nas massas. O primeiro tipo de fermento veio da própria farinha com água – é o fermento chamado natural. Comercialmente surgiu depois o levedo de cerveja, retirado do sedimento da cerveja – esse é ainda muito usado. É ele que dá gosto característico à cerveja e ao pão. Há ainda pessoas que o procuram nas cervejarias como nos tempos passados.

Há também fermentos caseiros feitos com batata, farinha e água. Em todos eles nota-se a importância da fermentação desses ingredientes misturados e da "força" que adquirem para levedar toda a massa.

Aqui colocaremos algumas receitas de fermentos de fabricação caseira, mais a título de curiosidade que de recomendação. Temos hoje diferentes tipos de fermento que se encontram facilmente e de atuação segura, o que nos tranqüiliza.

FERMENTO PARA PÃO

2 xícaras de leite fresco
1 colher de chá de sal
1 colher de sopa, cheia, de farinha de trigo

Misture tudo muito bem, deixe ao lado do calor do fogo (sobre o fogão quente de lenha ou outro tipo de fogão em que se aqueça a chapa). Conserve-o sempre morno. Em 1 hora ele fica pronto para ser usado. Utilize sempre o dobro da quantidade indicada na receita. Esse tipo de fermento tem suas desvantagens: dura pouco tempo e torna o pão seco mais depressa que os outros.

FERMENTO DE BATATA E OUTROS

Antigamente utilizava-se nas fazendas um fermento preparado com batata e lúpulo. Secavam-no, partiam-no e assim era guardado. Reconstituíam-no com água para ser usado para o pão, exatamente como se faz hoje com o seco. A própria água da batata tem poder fermentativo, especialmente quando preparada corretamente e depois de alguns dias. Às vezes mistura-se nela um pouco de fubá.

O difícil desses fermentos é dar-se a proporção exata e garantir um bom resultado. Eles são mencionados para relembrar os méritos de todas aquelas pessoas que, sem ter as facilidades de hoje – tantos tipos e marcas de fermento –, nunca deixaram faltar à família e dependentes o pão cotidiano, fabricando elas próprias o bom fermento caseiro.

Os norte-americanos apreciam muito o que chamam de *Sour-dough Starter* – um fermento que se azeda um pouco; é preparado 48 horas antes de seu uso. Eis a receita a seguir.

1 tablete de fermento para pão
2 xícaras de água morna
2 xícaras de farinha integral

Misture bem esses ingredientes em recipiente de vidro ou cerâmica, nunca em recipiente de metal. Cubra-o com toalha e deixe-o ficar por 48 horas em temperatura ambiente mexendo-o diversas vezes.

O melhor líquido para esse fermento é a água do cozimento de batatas. Quando usar o fermento reponha a mesma quantidade de água e farinha que dele retirou. Depois pode colocar na geladeira e só retire de lá para ficar em temperatura ambiente quando for utilizá-lo para o pão.

Uma outra receita de gosto azedo ainda mais acentuado (esta leva iogurte).

4 colheres de sopa de iogurte natural
1 xícara de leite magro ou desnatado
1 xícara de farinha de trigo

Mexa-o bem. Verá como ele se desenvolve e dá sabor ao pão.

FERMENTOS À NOSSA DISPOSIÇÃO

1. Blocos compactos fornecidos às padarias. Lá podemos comprar todas as quantidades que desejarmos. Aqui no Brasil temos boas e conhecidas marcas de fermentos para a fabricação do pão: *Itaiquara e Fleischmann.*

2. Tabletes de 15 gramas. É a mesma coisa que o fermento da padaria, só que vem embalado em quantidade suficiente para meio quilo de farinha. Marcas: *Itaiquara* e *Fleischmann.*

3. Fermento biológico seco. É granulado e vem em latas médias, pequenas ou grandes. A conservação desse fermento é mais fácil e prática que a dos outros tipos de fermento. 1 colher de sopa desse fermento equivale a 1 tablete. Marcas: *Itaiquara* e *Fleischmann.*

Esse fermento seco é muito difundido na Europa e Estados Unidos. Costuma vir em envelopes, trazendo a data-limite para seu uso.

O uso do fermento de padaria, o dos tabletes ou ainda do fermento biológico seco produz para mim o mesmo resultado – pães crescidos. É importante dissolvê-lo em água morna e ativá-lo com adoçante (1 colher, de chá, apenas). Misturá-lo depois à farinha.

Conservação do fermento

O fermento biológico seco conserva-se em lata fechada – a mesma que adquirimos no mercado. Guardá-lo em lugar fresco e seco.

O fermento em pedaços (adquirido em padarias) e os tabletes conservam-se: na geladeira – de 10 a 15 dias; no congelador – até 6 meses; e no *freezer* – até 1 ano.

Se comprar um pedaço grande e desejar congelá-lo no *freezer* será conveniente parti-lo em quantidades suficientes para as receitas, nunca menos que para 1 quilo de farinha. Embrulhá-los separadamente.

Temperaturas

TEMPERATURA A SER USADA COM OS FERMENTOS

O fermento biológico seco suporta temperaturas mais altas – até 43°C.

O fermento em tabletes e o de padaria necessitam de temperatura mais baixa: 36,5°C.

Os tabletes ou pedaços de fermento congelados devem ser retirados antes, para que, ao serem usados, estejam na temperatura ambiente. Eles vão liquefazer-se; será necessário então desembrulhá-los já nos recipientes onde serão dissolvidos mais tarde com água morna.

Todo fermento a ser usado deverá estar na temperatura ambiente.

TEMPERATURAS DE FORNOS

As temperaturas no Brasil medem-se pela escala centesimal e têm o nome de Celsius (°C). Em outros países usa-se a Fahrenheit (°F).

Daremos aqui equivalência aproximada. Normalmente indicamos as temperaturas do forno em: fraco, moderado ou médio, forte ou quente e muito quente.

TEMPERATURAS

Fraco	120°C a 150°C	250°F a 300°P
Moderado ou Médio	160°C a 190°C	325°F a 375°F
Forte ou Quente	200°C a 250°C	400°F a 450°F
Muito Quente	260°C	500°F

Proporções para a massa de pão

Para se fazer um pão comum, cotidiano, composto só dos quatro elementos básicos, a proporção dos ingredientes é a seguinte:

1 quilo de farinha
3 ¼ xícaras de água (ou água e leite)
2 colheres de sopa de fermento biológico granulado para pão, ou 2 tabletes, ou ainda 60 gramas de fermento de padaria
3 a 4 colheres de chá de sal

As farinhas integrais já contêm os sais minerais, deveremos então reduzir o sal – para 1 quilo de farinha integral colocar só 15 gramas. Para outras farinhas, de 20 a 25 gramas.

Da massa ao pão

Trataremos agora do preparo da massa do pão.

1. Peneirar a farinha – quantidade maior do que a pedida na receita – sobre papel limpo ou tigela.

2. Amornar a água – ¼ ou ½ xícara – para aí dissolver o fermento: 2 tabletes ou 2 colheres, de sopa, do granulado seco e 1 colher, de chá, de mel, melado ou açúcar para alimentar o fermento. Mexer muito bem até perceber que o fermento está inteiramente dissolvido. Tampá-lo e deixá-lo repousar em lugar quente por cerca de 10 minutos.

3. Preparar os utensílios: tigelas, colheres de pau, formas, etc.

4. Deixar já medidos os ingredientes da receita – todos à temperatura ambiente.
   Ovos, manteiga e outros produtos da geladeira devem ser retirados de véspera.

5. Aquecer o resto da água (ou outros líquidos) até amornar, podendo chegar até 40°C (é fácil reconhecer porque nossa própria temperatura é de 36 a 37°C; pouco mais e suportável será 40°C).

6. Colocar em tigela grande: sal, mel (ou outro adoçante segundo a receita), gordura (óleo ou manteiga), ovos. Sobre eles, despejar o líquido aquecido e misturar tudo bem.

7. Acrescentar a essa mistura 1 xícara de farinha, mexer e colocar aí o fermento dissolvido. Misturar muito bem.

8. Gradativamente ir juntando farinha e batendo com a colher de pau até que a massa se torne rija e possa ser trabalhada com as mãos.

9. Virar a massa sobre a tábua ou mesa enfarinhada e amassá-la. Quando se perceber que ela está com seus componentes bem misturados, fazer uma bola. Estendê-la então, com a base da palma da mão, levando-a para frente e voltando para a sua direção outra vez. Girar um pouco a massa e fazer o mesmo na outra parte; continuar a girar. Esse é o processo para aumentar a elasticidade da massa que torna o pão crescido e leve.
   Há outras maneiras de trabalhar ou sovar a massa. O importante é que ela seja trabalhada até se tornar elástica. Essa operação leva de 10 a 20 minutos.

10. Untar a tigela, colocar aí a massa para crescer até dobrar de volume. Essa tigela deverá estar limpa, isto é, sem massa colada no fundo e nos lados. Colocar a tigela coberta em lugar quente para crescer, livre de corrente de ar. Isso leva de 1 a 2 horas dependendo da receita, da temperatura local etc.

11. Abaixar a massa. Virá-la outra vez sobre superfície enfarinhada. Trabalhá-la ligeiramente. Modelar os pães. Dar-lhes cortes com faca afiada.

12. Untar com óleo formas ou assadeiras ou polvilhá-las com farinha de trigo (ou fubá). Colocar aí os pães e deixá-los crescer em lugar quente até dobrarem de volume. (Costumo colocar as formas ou assadeiras sobre a grelha do forno, que eu retiro de lá, e estudo o aproveitamento do espaço. Ligo o forno no *mínimo,* enquanto faço isso, e depois coloco a grelha no forno *desligado).*

13. Verificar o crescimento dos pães, 20 ou 30 minutos depois. Se eles estiverem crescidos e quase dobrado de volume, retirar a grelha do forno, com cuidado para não abalar os pães. Isso é para os fornos que têm 2 grelhas. Colocar a outra. Acender o forno e depois de 10 ou 12 minutos colocar os pães a assar. Se for pincelá-los antes de ir ao forno, faça-o com cuidado para não abaixá-los.

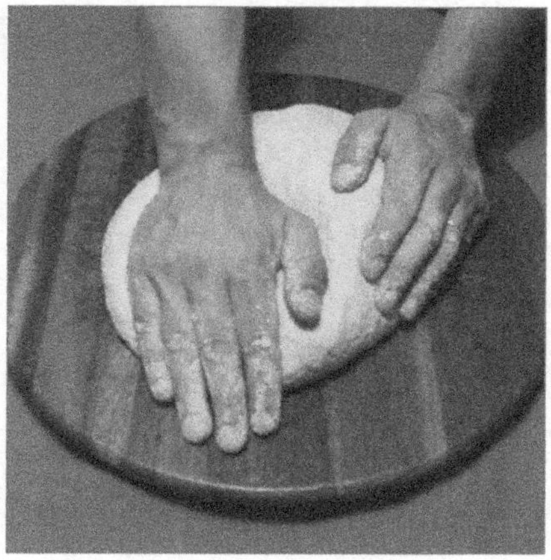

MODELOS DE PÃO

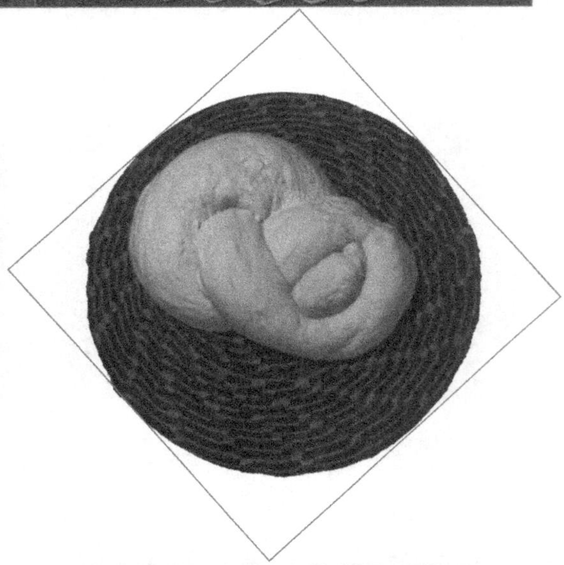

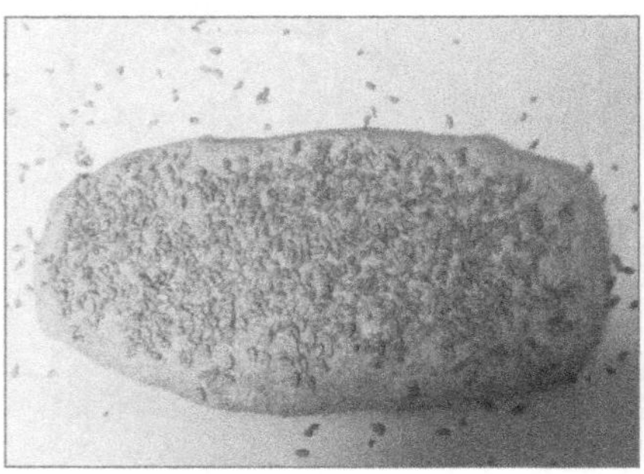

CORTES NO PÃO

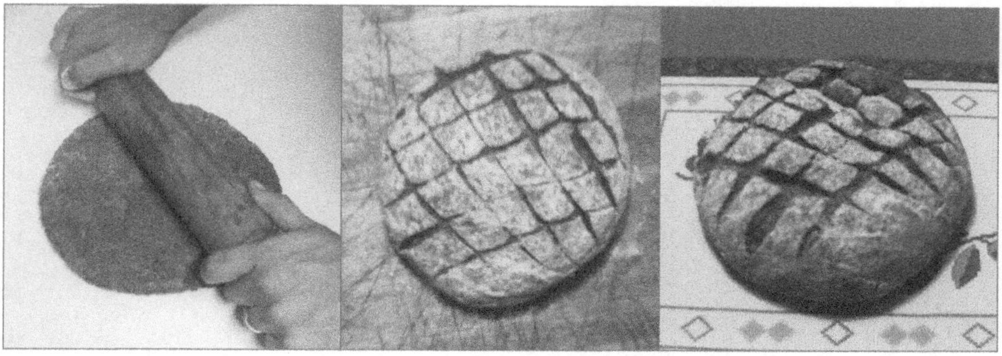

PÃES ENROLADOS

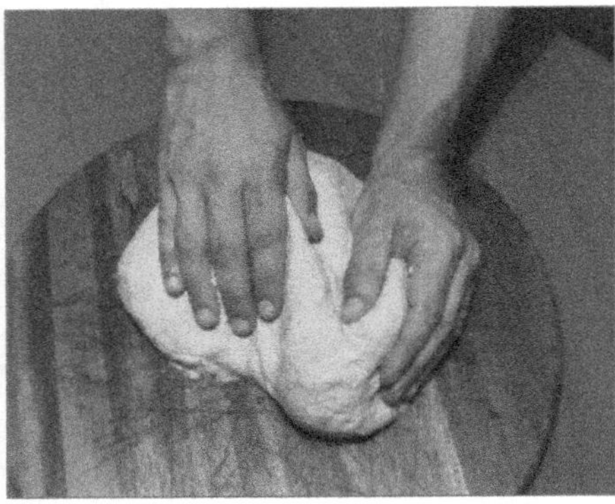
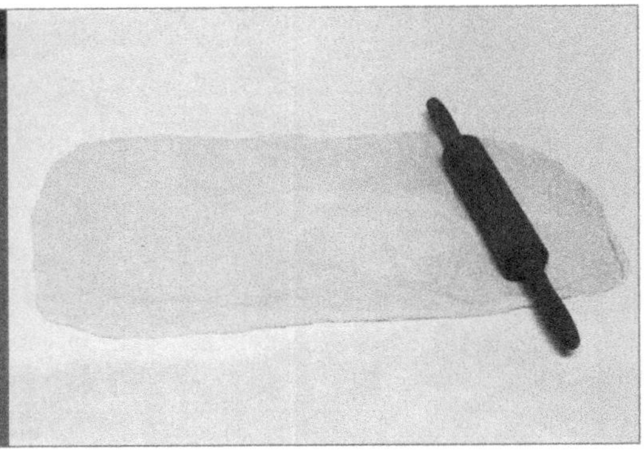
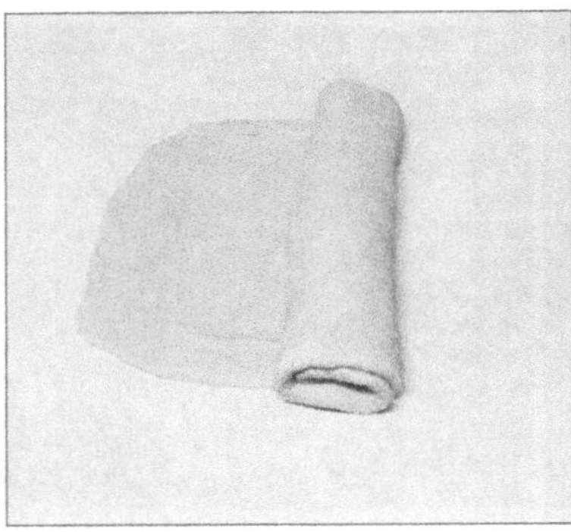

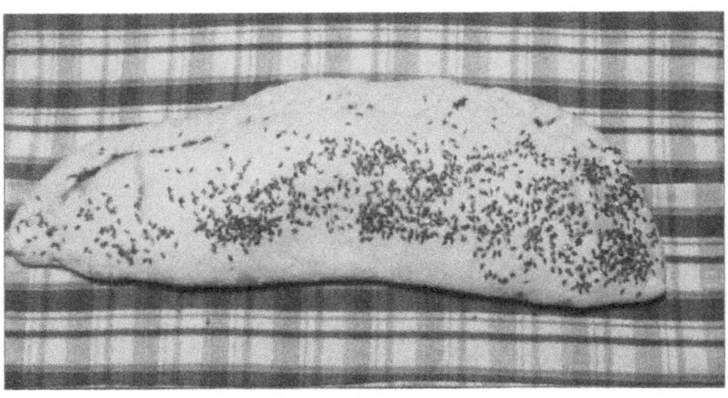

TRANÇAS

PÃEZINHOS

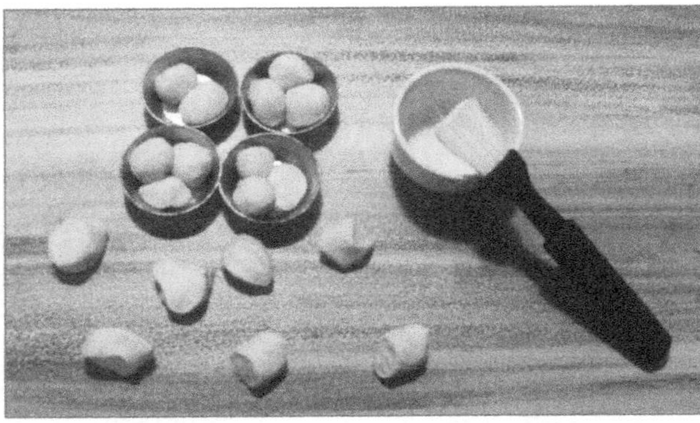

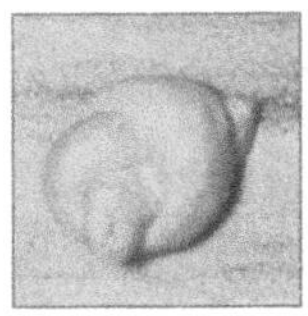
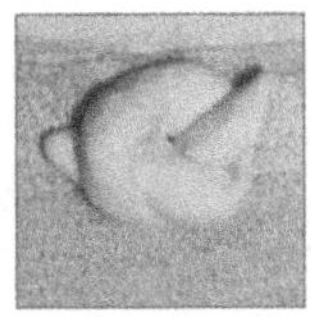
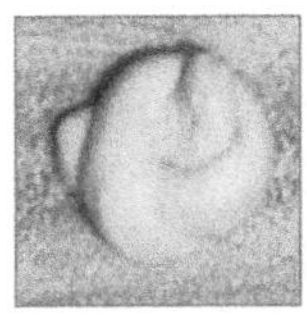

CROISSANTS

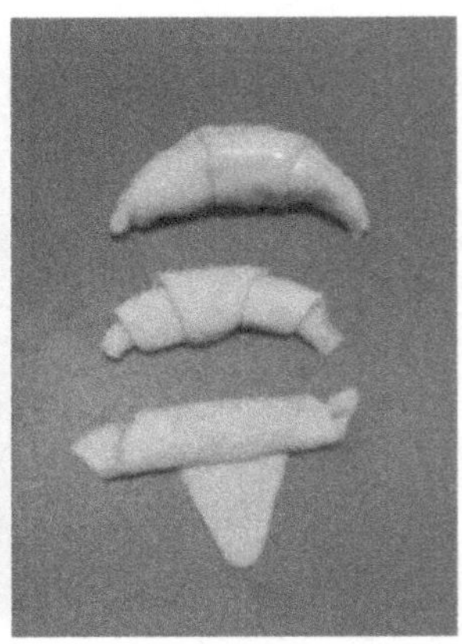

BRIOCHES

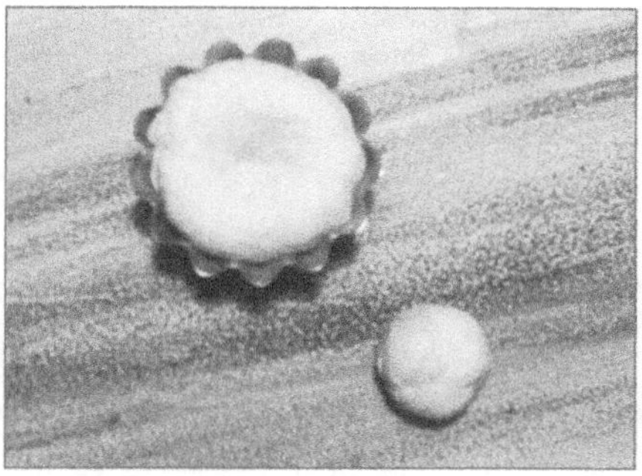

PANETONES

Costumes e Tradições

Em panificação caseira, os mais contraditórios costumes podem dar resultados semelhantes. Por exemplo: – calor direto do sol sobre a massa coberta. Há os que fazem isso e estão contentes com o resultado, e há os que condenam essa prática. Há os que utilizam o saco de plástico, onde introduzem a tigela com a massa para aí crescer tranqüila. Fecham o saco plástico e deixam espaço para a massa crescer. Colocam tudo em lugar quente ou no forno. Há ainda os que preferem colocar a tigela com a massa dentro de outra tigela com água quente. Ela cresce bem.

Quanto às maneiras de amassar o pão, há os que gostam de sovar a massa, isto é, batê-la, jogá-la sobre a tábua. Há os que trabalham com ritmo e não sovam a massa, tratando-a com suavidade. Há gestos e costumes tradicionais para amassar o pão que produzem excelentes resultados.

Trabalhar a massa depois de crescida? – Não, dizem uns. – Sim, dizem outros. – Não há mal em ser diferente. Experimentar os dois processos e decidir por si só qual é o melhor. No primeiro caso, a massa fica menos fina que no segundo. O gosto não se altera.

ASSAR

Já foi dito que ao colocarmos as formas de pão no forno devemos deixar espaço entre elas para o calor circular livremente.

As temperaturas indicadas neste livro são quase sempre *moderadas* ou *médias,* isso porque nem todos os fornos têm termostatos e nem todos os fornos são iguais. Há fornos fortes e rápidos, outros lentos. É necessário que cada pessoa conheça seu forno e faça anotações sobre a temperatura adequada a certas receitas. Marque em um papel.

Depois de 20 minutos, mais ou menos, pode-se, *com cuidado,* abrir a porta do forno e verificar crescimento e cor dos pães. Fechar a porta novamente, *com cuidado,* evitando assim lufada de ar frio nos pães. Se julgar que os pães requerem mais calor porque estão claros, aumente um pouco o forno; caso contrário, diminua um pouco a temperatura. Antes de retirar o pão do forno, bata com os nós dos dedos sobre ele. O som oco indica que está assado. Retire-o do forno.

ESFRIAR – GUARDAR

Ao retirar os pães do forno, verificar se eles saem facilmente das formas. Usar a faca de ponta arredondada para ajudá-los a sair. Virá-los sobre a grelha. Isso faz com que o ar circule à volta toda do pão. Caso contrário ele fica úmido de um lado. É conveniente retirá-los da forma logo que puder, pelo mesmo motivo. Há formas que dão gosto desagradável aos pães.

Deixar os pães esfriarem totalmente antes de guardá-los. Se for para consumo imediato, deixar ao ar livre ou cobrir com toalha. Se quiser guardá-los para futuro imediato – 2 ou 3 dias –, conservá-los, depois de frios, em sacos de tecido, recipientes de madeira, vidro ou plástico; durarão até 7 dias.

Se preferir, guardá-los dentro de sacos plásticos e colocá-los na geladeira. Esse é o processo mais usado. Antes de usá-los, acender o forno, retirar os pães do saco, colocar em uma assadeira, borrifar água sobre eles e colocá-los no forno por cerca de 10 minutos (vigie o forno – *moderado*). Terão sabor e cheiro de pão fresco.

Pode usar filme de PVC que adere bem a tudo. É excelente para se embrulhar o pão. É aconselhável tanto para a geladeira como para o congelador ou *freezer*.

Na geladeira, embrulhado, o pão caseiro conserva-se muito bem. Nunca tive casos de pão embolorado. Pode-se dizer que duram de 10 a 12 dias.

CONGELAR O PÃO

Todos os pães podem ser congelados ou colocados no *freezer*, tanto os que ainda não foram assados como os que já estão prontos.

Os que não foram assados, são colocados em suas formas – normalmente retangulares, pois estas tomam menos espaço. Os redondos ou de outro formato podem ser postos nas assadeiras, no congelador ou no *freezer*, até se tomarem sólidos. Retiramos, então, as assadeiras e embrulhamos os pães já rijos em plástico. Para assá-los, é necessário que fiquem fora do congelador, em temperatura ambiente, o tempo que determinar a receita.

Os pães podem ser conservados com sucesso no congelador ou no *freezer* durante vários meses, uma vez bem acondicionados. Devem ser embrulhados quando estiverem totalmente frios, bem apertados mas sem deformar os pães. O filme de PVC e as folhas de alumínio são ótimas para embrulhar. Também sacos de plástico – sem ar dentro – dão bons resultados. Tudo deve ser bem fechado, selado, datado e com nomes.

Tempo: O pão poderá ficar de 3 a 4 meses no congelador ou no *freezer* sem prejuízo. Tenho experiência de mais tempo, mas não acho seguro aconselhar.

DESCONGELAR

Para descongelar o pão, basta retirá-lo do *freezer* ou congelador e deixá-lo fora durante toda a noite. Estará pronto para ser usado no café da manhã.

Se a geladeira não estiver com temperatura muito baixa, ele pode descongelar aí durante a noite. Estará ótimo para ser cortado em fatias para torradas. Se a família gostar de pão quente, coloque-o no forno.

Para se ter cheiro e gosto de pão fresco, como já foi dito, basta borrifá-lo com água e colocá-lo em forno médio (previamente aquecido) por cerca de 10 minutos.

Um outro processo de descongelamento do pão é embrulhá-lo em folha de alumínio e colocá-lo em forno moderado – de 20 a 40 minutos. *Cuidado ao retirar a folha para não se queimar.* O alumínio guarda calor.

Atenção: Se por razões inesperadas, você não pôde terminar de fazer seu pão e não sabe quanto tempo durará a interrupção, poderá congelar a massa. Coloque-a dentro de um saco de plástico e ponha no *freezer.* Quando puder fazer os pães, retire a massa, deixe-a em temperatura ambiente a fim de que ela possa crescer pela primeira vez. Trabalhe-a aí por alguns minutos. Faça os pães, coloque-os em formas untadas e deixe crescerem até dobrarem de volume. Coloque-os a assar em forno pré-aquecido.

Se souber de antemão que necessitará congelar a massa do pão por período longo, de 2 a 3 meses, dobre a quantidade de fermento indicada na receita.

Pão velho – sobras de pão

Como aproveitar as sobras de pão?

Há muitas maneiras e realmente vale a pena aproveitar tudo que é bom como o nosso pão integral, caseiro, feito com amor e cuidado.

TORRADAS FINAS

Cortar cuidadosamente o pão em fatias finas, colocar em assadeira e torrar em forno moderado. Vigiá-lo para que as torradas não se queimem.

TORRADAS FINAS, TEMPERADAS

Cortar fatias finas, espalhá-las pela assadeira. Polvilhar com um pouco de sal e orégano. Terminar com gotas de óleo ou azeite de oliva. Assar. São deliciosas e o cheiro se espalha por toda a casa.

CROUTONS

Cortar o pão firme (pode molhar a faca em água fria) em quadradinhos pequenos. Modalidades: assados ou fritos – temperados ou não.

a) Pô-los a assar.

b) Depois de cortados – fritá-los.

c) Temperar com sal e orégano ou tomilho ou outro tempero. Assar.

d) Depois de fritos colocar sal, pimenta – um pouco.

Os *croutons* são ótimos para sopa, consomês ou aperitivos.

PUDINS

a) *Pudim com pão* desmanchado em leite quente ou água. Colocar ameixas ou passas – canela em pó.

b) *Pudim com fatias de pão* alternadas com fatias de banana. Despejar leite, açúcar (mel ou melado), manteiga e ovos batidos por cima. Assar.

Se puser as fatias pequenas ou só a metade das fatias grandes em pé, em formas redondas, ficará bonito. Se gostar, polvilhe as fatias de pão com banana e canela em pó. Para o primeiro tipo de pudim, qualquer sobra serve, até os farelos de pão.

FARINHA

Cortar o pão que sobrou e que já está seco; colocar pouca quantidade no liquidificador e bater para fazer farinha. É melhor colocar um pouco de cada vez, pois controla-se melhor. Se o pão não estiver bom para ser moído, torrá-lo um pouco.

Essa farinha deve ser guardada na geladeira e serve para recheios ou farofas, para dar liga em bolos de carne para engrossar molhos e para "empanar" legumes, bifes, peixes (isto é, passá-los no ovo e depois nessa farinha e fritá-los).

Avaliação dos pães

QUALIDADES

Um bom pão tem bela cor, é firme, não se esfarela. Dá boas fatias que se cortam bem. Seus poros são distribuídos igualmente. Está bem assado. A cor da crosta vai do escuro a tons mais claros até encontrar a cor mais clara do miolo. Para uma crosta brilhante passa-se água nela, com pincel, assim que o pão for retirado do forno. Para evitar que a crosta se parta é conveniente umedecê-la antes de ir ao forno (com água, leite, óleo ou ovo batido).

DEFEITOS

CROSTA MUITO DURA

Não se pode cortar bem o pão. A aparência fica prejudicada, as fatias se quebram. Ele seca facilmente.

Causas: o forno muito quente faz endurecer a crosta demasiadamente rápido, impedindo que a massa cresça.

Previne-se esse defeito deixando-se a massa crescer mais e usando temperatura mais baixa do forno para essa receita.

PÃO CHATO E LARGO

Causas: a massa do pão no segundo crescimento passou do tempo; a farinha pode ser de má qualidade.

Evita-se o problema com o uso de outra farinha e deixando o pão crescer em lugar menos quente e por menos tempo.

Há uma solução para os pães "baixos": cortá-los transversalmente e nunca vertical ou perpendicularmente. As fatias cortadas assim / / / darão a impressão de um pão mais alto.

PÃO QUE CRESCEU POUCO E ESTÁ PESADO

Causas: massa muito dura; pouco tempo para o crescimento da massa; forno muito quente.

Soluções: massa mais mole, reduzindo a farinha ou acrescentando mais líquido. Deixar crescer por mais tempo. Diminuir a temperatura do forno.

MASSA COLANTE, VISCOSA

Causas: massa muito mole; pouco tempo no forno. Temperatura do forno muito elevada. Muita farinha de centeio na massa.

Corrigir fazendo massa mais firme, mais tempo no forno, temperatura deste mais baixa e menos farinha de centeio.

PÃO QUE RACHOU NO FORNO

Causas: o segundo crescimento da massa foi longo demais. Evita-se não deixando passar do tempo nesse segundo crescimento. Aí ele não rachará e poderemos cortá-lo em fatias. É bom pincelá-lo com algum líquido ou, antes que o pão cresça, dar alguns cortes sobre ele.

PÃO QUE SE ABRE DOS LADOS

Causas: forno muito forte para a massa macia e com manteiga. Evita-se dando cortes sobre o pão e umedecendo-o com um pincel molhado em água, leite, ovo ou óleo.

Em geral essas rachaduras não alteram em nada o gosto do pão. Há até os que apreciam muito esses pães "estourados".

PROBLEMAS

1. Que acontecerá ao pão quando não se tem tempo para amassar duas vezes?

Nada. Apenas a contextura não ficará tão fina. Há receitas que mandam amassar uma só vez; outras pedem para amassar até 3 vezes. O resultado está na aparência e gosto de um miolo mais unido, mais suave.

2. Por que a massa de pão desta vez não cresceu nada?

Causas: fermento velho, validade de uso expirada, líquidos muito frios ou o contrário – líquidos *muito quentes* – que mataram o fermento. Dia frio, local frio, farinha ou outros ingredientes muito frios também entravam o processo de crescimento.

Solução a tentar: dissolver 1 tablete ou 1 colher de fermento biológico seco em ¼ ou ½ xícara de água morna. Deixar repousar, tapado, por alguns minutos. Peneirar um pouco de farinha – até uma xícara. Fazer uma cavidade na massa do pão e aí despejar o fermento. Ir amassando devagar e acrescentando a farinha necessária. Quando tudo estiver bem amassado e a massa não colar às mãos, fazer os pães e colocá-los em assadeiras ou formas untadas. Cobri-los e deixar em lugar quente para crescer.

Conselhos

ATENÇÃO

1. Farinhas – Devem sempre ser peneiradas *antes* de serem usadas.
2. Medidas – Peneirar além do que pedem as receitas e deixar de lado. O que não for necessário utilizar, guardar de novo.
3. Usar colher de pau para misturar e bater as massas.
4. Usar *sempre* medidas rasas: colheres, xícaras etc.
5. Guardar as farinhas integrais na geladeira. Todas elas contêm gordura e se estragam quando ficam abertas e fora da geladeira.
6. Cacau também deve ficar em geladeira, assim como todos os tipos de nozes.
7. Pode-se preparar sempre o fermento com farinha, água e açúcar. Coloca-se a mesma quantidade de água e de farinha, e um pouquinho de açúcar, 1 colher de chá. Geralmente a proporção é a seguinte: 1 xícara de água e outra de farinha para 2, 3, 4 ou mais tabletes de fermento; ½ xícara de água e ½ xícara de farinha para 2 ou menos tabletes. Fica sempre como um mingau grosso. Tapar e deixar crescer por alguns minutos, *não mais que 20!*

IMPORTANTE

1. Leia atentamente as receitas *antes* de começar e prepará-las.
2. Separe todos os ingredientes.
3. Tenha tudo à temperatura ambiente. Tire os ovos da geladeira *bem antes.*
4. Não deixe os pães esfriarem em formas de metal ou de alumínio (os pães eliminam água que, reagindo com o metal das formas, adquire gosto ruim. Isso não acontece com formas de vidro).
5. A castanha-do-pará picada dá gosto e cheiro bom aos pães. Passe ovo ou clara batida antes de levá-los ao forno. A castanha crua assará com o pão.

DIETAS

1. *Sem sal*
   Omitir o sal de todas as receitas.
2. *Sem açúcar*
   Omitir o açúcar, o mel e o melado das receitas; como os líquidos – mel e melado – podem fazer falta à receita, substitua-os por água, ou use menos farinha que é mais fácil.
3. *Sem gordura*
   Omitir a manteiga e o óleo. Como este último é líquido, fará falta à receita. Substitua-o por água ou diminua a quantidade de farinha. Ao colocar a massa nas tigelas, polvilhe-as com farinha. Faça o mesmo com as formas ou assadeiras. Não as unte; polvilhe-as só com farinha.

RECEITAS

Ao mencionarmos Fermento neste livro queremos SEMPRE significar fermento para pão, seja ele biológico seco (granulado), em tabletes ou em porções adquiridas nas padarias. É ele que faz a massa crescer antes de ir ao forno.

Quanto às marcas – Itaiquara, Fleischmann – são ambas excelentes e dão o mesmo resultado, uma vez observados todos os cuidados para sua boa conservação (ver págs. 27 e 28 – a respeito de Fermentos).

PÃES DE TRIGO INTEGRAL

50	RECEITA BÁSICA DE PÃO INTEGRAL
52	PÃO INTEGRAL BRILHANTE
53	PÃO INTEGRAL AMIZADE
54	PÃO INTEGRAL PURO
55	PÃO INTEGRAL TROPICAL
56	PÃO INTEGRAL INFALÍVEL
57	PÃO INTEGRAL SABOROSO
59	PÃO INTEGRAL SAUDÁVEL
60	PÃO INTEGRAL MORENINHO
61	PÃO INTEGRAL SUÍÇO
62	PÃO EM TIRAS
64	TRANÇAS SALGADAS

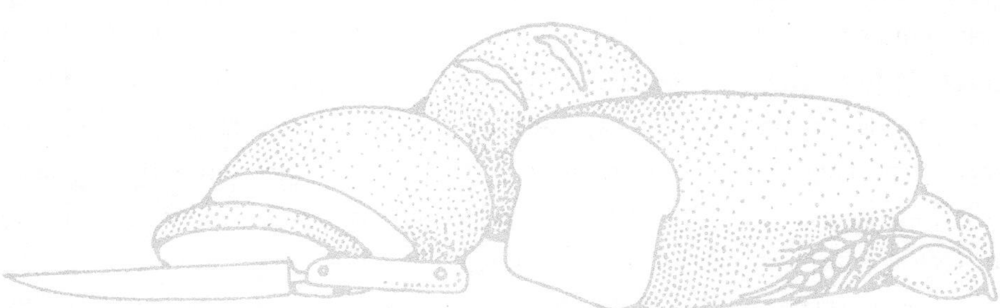

RECEITA BÁSICA DE PÃO INTEGRAL

INGREDIENTES:

1) *1 quilo de farinha de trigo integral*
3 1/4 xícaras de água morna ou de leite morno ou metade de água e metade de leite – mornos
1 1/2 colheres de sopa de fermento biológico granulado para pão (ou 2 tabletes, ou 75 gramas de fermento comprado na padaria)
1 colher de sopa de sal (20 gramas)

2) *Outra medida padrão:*
6 xícaras de farinha de trigo integral
2 1/4 xícaras de leite morno
1 tablete de fermento ou 1 colher de sopa de fermento biológico granulado para pão
2 colheres de chá de sal

PREPARAÇÃO: para 1 ou 2

Dissolva o fermento em 1/4 de xícara de líquido morno.

Em tigela grande, coloque o sal, a água ou o leite, ou os dois juntos, mornos. Dissolva o sal. Coloque o fermento. Vá juntando aos poucos a farinha de trigo integral e batendo bem até ficar com consistência para amassar.

Vire-a sobre a mesa enfarinhada e amasse-a por uns 15 minutos até ficar elástica.

Coloque-a em tigela enfarinhada e cubra-a (ou enfie a tigela em saco plástico deixando espaço para o pão crescer); feche-a e deixe crescer em lugar quente até dobrar de volume. Isso levará de 1 a 2 horas, dependendo da qualidade da farinha, da temperatura do local e do tempo que foi amassada.

Quando dobrar de volume, abaixe-a com o punho cerrado, vire-a sobre a mesa e trabalhe a massa por uns 2 minutos. Divida a massa em partes iguais – 4, 3 ou 2 – e faça os pães, fechando-os muito bem nas pontas ou lados e na emenda. Coloque esta para baixo, nas formas.

Deixe crescer em lugar quente, abrigados ou ligeiramente cobertos.

NOTA: Este pão crescerá na metade do tempo do 1° crescimento, assim, 15 ou 20 minutos depois de colocar os pães para crescer, verifique se estão quase dobrando de volume. Em caso positivo, acenda o forno moderado, ou a 175°C e depois de alguns minutos ponha os pães a assar.

Eles não devem "passar do ponto" de crescimento. No forno crescem um pouco mais.

Se passarem do ponto terão tendência a cair e a não crescer mais no forno. Se isso acontecer é necessário amassá-los outra vez, deixá-los crescer e colocá-los então no forno. Não se preocupe, ficarão ótimos

PÃO INTEGRAL BRILHANTE (*50%*)

INGREDIENTES:

Para dissolver o fermento:

2 colheres de sopa de fermento biológico granulado para pão
1/2 xícara de água morna
1 colher de chá de melado

Para a massa do pão:

1 1/2 xícaras de água quente
1/4 de xícara de manteiga mole (4 colheres de sopa rasas)
2 colheres de sopa de melado
1 colher de sopa de sal
3 xícaras de farinha de trigo integral
2 xícaras de farinha branca ou pouco mais
1 colher de sopa de ovo batido ou só de clara misturada com um pouquinho de água para passar sobre os pães

PREPARAÇÃO:

Dissolva o fermento com o melado em água morna, tampe-o e deixe crescer por uns 10 minutos. Em tigela grande coloque a manteiga, 1 1/2 xícaras de água quente, mexa e junte o melado e o sal. Acrescente o fermento dissolvido e mexa bem com uma colher de pau. Junte uma a uma as 3 xícaras de farinha integral, sempre batendo. Coloque também a farinha branca, continue batendo até que a massa se torne firme. Espalhe farinha integral sobre a mesa e despeje a massa; amasse-a por uns 10 minutos ou até que fique elástica, homogênea. Faça uma bola e coloque-a em tigela untada. Cubra-a e deixe de 1 a 2 horas, em lugar quente, até dobrar de volume.

Aí, baixe a massa, divida-a em 2 partes se for fazer 2 pães ou modele-a toda em um só pão. Coloque-o(s) em assadeira untada ou em formas untadas de pão. Deixe crescer, novamente, em lugar quente. (O forno, aquecido – morno – mas apagado é ideal para o crescimento).

Verifique o crescimento do(s) pão(ães) até que dobre(m) de volume, mas antes acenda o forno em temperatura *moderada*. Deixe-o aquecer por alguns minutos antes de colocar o(s) pão(ães). Pincele-o(s) com ovo batido, cuidadosamente, antes de pô-lo(s) no forno. Se quiser, polvilhe gergelim sobre ele (ou eles).

Antes de retirá-lo(s) do forno, verifique se está(ão) assado(s), batendo com o nó dos dedos sobre ele(s); deve(m) soar oco e ter bela cor.

PÃO INTEGRAL AMIZADE (*para torradas*)

INGREDIENTES:

2 tabletes de fermento Fleischmann
¼ de xícara de leite morno
450 gramas de farinha completa, ou seja, integral (mais ou menos 3,5 xícaras)
¾ de xícara de leite morno
30 gramas de manteiga
1 colher de sopa de mel
1 colher de chá de sal marinho
1 ovo
¼ de xícara de farelo de trigo (Eu substituo o farelo pelo germe de trigo. Torna o pão mais macio.) É opcional.

PREPARAÇÃO:

Ponha a farinha em uma tigela, faça uma cova e despeje aí o fermento que anteriormente fora dissolvido no leite morno e tapado por uns 10 minutos. Polvilhe com farinha. Deixe levedar por mais 10 minutos. Misture o mel, a manteiga e o sal nos 3/4 de xícara de leite morno indicados na receita e coloque tudo isso na massa que deve estar crescendo. Bata o ovo, separe 1 colher, de chá, para pincelar o pão e coloque o resto na massa. Molhe as mãos e sove a massa por uns 10 minutos. Acrescente mais farinha se for necessário. Forme uma bola. Polvilhe a tigela com farinha (eu prefiro untá-la) e aí recoloque a massa. Polvilhe-a com farinha (ou vire-a para ser untada do outro lado). Cubra-a e deixe crescer por uns 40 minutos. Assim que ela dobrar de volume, amasse-a outra vez, forme um rolo e feche-o bem. Unte uma forma de bolo inglês, cubra e deixe o pão crescer aí dentro por uns 15 minutos. Passe no pão, com cuidado, o ovo batido, espalhe gergelim sobre ele, se gostar, e coloque-o em forno previamente aquecido, pouco mais que moderado (220°C) por mais ou menos 25 minutos.

Coloque no forno, no momento de introduzir o pão, uma latinha com água fervendo durante os 10 primeiros minutos.

Esse pão fica lindo e gostoso polvilhado com gergelim depois de pincelado com o ovo. É para ser comido no dia seguinte.

PÃO INTEGRAL PURO (*100%*)

INGREDIENTES:

5 a 6 xícaras de farinha de trigo integral
2 colheres de chá de sal
1 colher de sopa de manteiga (bem cheia)
2 colheres de sopa de fermento biológico granulado para pão ou 2 tabletes de fermento para pão
2 xícaras de água morna

PREPARAÇÃO:

Se for usar tabletes para o pão, dissolva-os com ½ xícara de água morna retirada das 2 xícaras da receita*. Misture o sal no restante da água morna em uma tigela onde for amassar o pão. Enquanto isso, o fermento dissolvido e bem mexido descansará, coberto. Prepare a farinha, sempre a mais do que pede a receita. Coloque depois o fermento na água com sal, ponha a manteiga, mexa tudo e vá colocando a farinha, batendo-a, de início, com a colher de pau; quando não der para bater, amasse-a ligeiramente. Unte a tigela, ponha aí a massa, em bola, vire-a para untar do outro lado, cubra-a e deixe crescer por 1 ½ ou 2 horas, em lugar quente, ou até dobrar de volume.

Baixe então a massa, vire-a sobre superfície enfarinhada e trabalhe-a por uns 5 minutos, juntando mais farinha se for necessário. Cubra-a e deixe-a descansar por 10 minutos.

Divida a massa na metade e modele seus pães (dois). Coloque-os em assadeira untada. Deixe crescer por uns 15 minutos ou até dobrarem de volume – não mais tempo! Ao cobri-los para crescerem lembre-se de, nesse instante, acender seu forno. Sempre aconselho a uma temperatura média ou moderada, mas cada um conhece o forno que tem. Esse pão não leva mel nem açúcar, então não corará como os outros pães. A temperatura do forno pode ser mais quente que moderada, no entanto, verifique se não há perigo de que se queimem. Modele-os em formatos originais.

---

* Se usar o granulado, misture em toda a água morna e siga a receita: junte o sal, a manteiga etc.

PÃO INTEGRAL TROPICAL

INGREDIENTES:

2 colheres de sopa de fermento biológico granulado para pão ou 2 tabletes de fermento para pão
1 ¼ xícaras de leite morno
¾ xícara de melado
⅓ xícara de óleo
1 colher de chá de sal
2 ovos inteiros
5 ½ xícaras de farinha de trigo integral aproximadamente
manteiga derretida para pincelar os pães antes de irem ao forno

PREPARAÇÃO:

Aqueça o leite, o melado e o óleo. Em uma tigela grande, coloque o fermento seco e despeje os ingredientes líquidos, mornos, sobre ele. Mexa bem, junte os ovos batidos e o sal. Pouco a pouco vá acrescentando farinha e continue a mexer. A massa não vai ser amassada. Deixe-a na tigela, cubra-a e coloque em lugar quente para crescer. Vire-a sobre superfície enfarinhada, depois que tiver dobrado de volume. Abaixe-a e amasse-a por alguns minutos, juntando a farinha necessária se estiver pegajosa. Modele depois os pães, unte as formas ou assadeiras, coloque aí os pães, cubra-os e deixe-os crescerem até quase dobrarem de volume. Acenda o forno moderado. Espere alguns minutos até que ele se aqueça, antes de colocar os pães – pincelados com manteiga derretida, se gostar. Ponha-os a assar até que, ao bater-se neles com os nós dos dedos, soem "ocos".

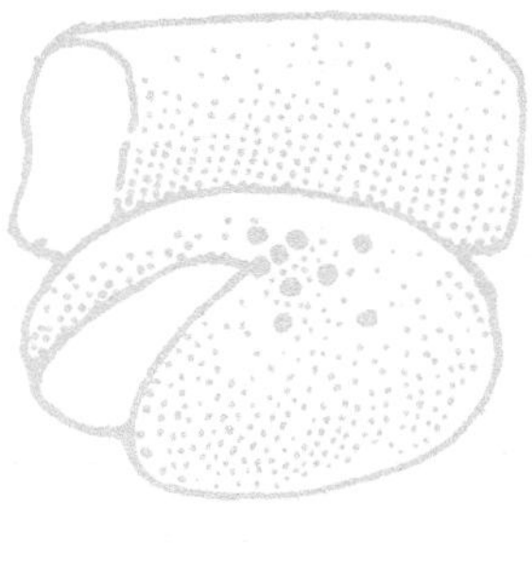

PÃO INTEGRAL INFALÍVEL

INGREDIENTES (RECEITA GRANDE)*:

2 colheres de sopa de fermento biológico granulado para pão ou 2 tabletes de fermento
½ xícara de água morna
1 colher de chá de mel (tirado da ½ xícara)
½ xícara de mel (tira-se daí 1 colher, de chá)
2 colheres de sopa de sal (se preferir, use só 1½ colher de sopa)
2/3 de xícara de óleo
5 xícaras de água quente
12 ou 13 xícaras de farinha de trigo integral

PREPARAÇÃO:

Aqueça a água até amornar. Coloque, em uma tigela pequena, 1 colher, de chá, de mel ou melado, o fermento e a água. Deixe de lado.

Tome a batedeira e, na tigela grande, coloque sal, água quente, óleo, mel e, uma a uma, mexendo sempre, 7 xícaras de farinha. Bata com velocidade moderada até estar tudo inteiramente misturado. Junte agora o fermento dissolvido. Gradativamente, vá juntando a farinha até a consistência que permita bater em velocidade baixa, por uns 10 minutos. Interrompa de vez em quando para descansar o motor.

Unte ou molhe suas mãos para fazer os pães – no tamanho e formato que quiser. Será bom untar também a superfície onde for fazer os pães. Unte formas ou assadeiras com manteiga ou gordura sólida. Cubra os pães e deixe crescerem em lugar quente até quase 50% a mais do volume – (1/3 já será suficiente).

Forno pré-aquecido – moderado.

* Bater na batedeira elétrica.

PÃO INTEGRAL SABOROSO

INGREDIENTES:

2 colheres de sopa de fermento biológico granulado para pão ou 2 tabletes
2 ½ xícaras de água morna
1 colher de sopa de açúcar mascavo
1 colher de sopa de sal
2 colheres de sopa de óleo
3 xícaras de farinha de trigo branca
3 xícaras de farinha de trigo integral
opcional: fubá para untar as formas

Cobertura:

1 clara de ovo batida
1 colher de sopa de água

PREPARAÇÃO:

Dissolva o fermento em ½ xícara de água morna com 1 colher, de chá, de açúcar tirada da colher de sopa pedida na receita. Tape-o e deixe-o repousar. Peneire as farinhas separadamente. Coloque o resto da água morna em tigela grande. Junte o sal, o resto do açúcar, o óleo e 1 xícara de farinha branca. Misture tudo muito bem e despeje aí o fermento. Mexa e acrescente 1 xícara de farinha integral. Bata bem e acrescente mais farinha integral e depois a farinha branca até obter massa que possa ser trabalhada com as mãos. A massa deve ser macia e não é preciso incluir toda a farinha branca, esta deverá ser usada para evitar que a massa fique pegajosa. Trabalhe-a até que fique sedosa. Coloque-a em tigela untada, cubra-a e deixe crescer em lugar quente até dobrar de volume. Isso levará aproximadamente 2 horas.

Abaixe a massa. Vire-a sobre superfície enfarinhada. Amasse-a por 3 minutos. Divida-a em 2 ou 3 partes iguais. Se vai recheá-los, estenda cada parte em retângulo. Coloque um dos recheios sugeridos. Depois de recheados coloque-os em formas – untadas com óleo ou polvilhadas de fubá. Deixe-os crescerem até dobrar de volume. Coloque-os em forno já aquecido – moderado – 175°C – depois que tiver espalhado sobre eles a clara batida com água. O pão soará oco quando estiver assado.

Recheios:

1 – ½ xícara de queijo Parmesão ralado e 1 colher de sopa de orégano

2 – azeitonas pretas picadas, 50 gramas; 1 colher de sopa de orégano e 50 gramas de pimentão vermelho, picado

3 – 4 dentes de alho esmagados e misturados com 2 colheres, de sopa, de manteiga

Cada quantia de recheio é suficiente para 2 pães. Se dividiu a massa em 3 partes, deixe uma sem recheio para sentir o gosto natural do pão.

Ao invés de colocar os recheios em pedaços de massa abertos em retângulos, pode-se também colocar os recheios como integrantes da massa. Eles ficam bonitos e visíveis por fora. Os pães enrolados deverão ser bem fechados antes de serem colocados nas formas, untadas ou polvilhadas com fubá.

Passar sempre sobre eles a clara batida com um pouco de água.

Deixar crescer até dobrar de volume e colocar em forno moderado já aquecido por uns 10 minutos. Asse-os bem sem deixar escurecer demasiado.

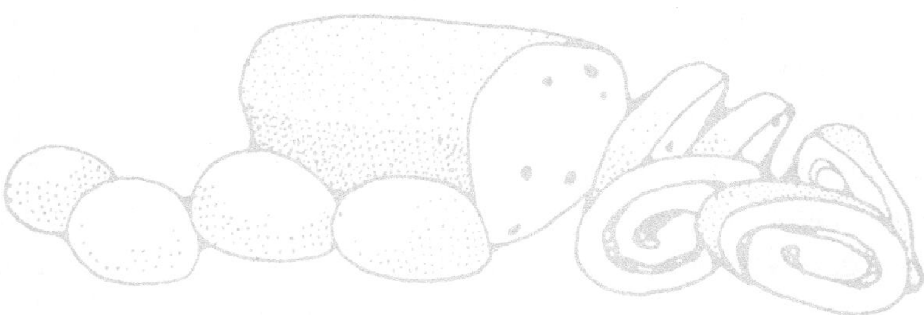

PÃO INTEGRAL SAUDÁVEL

INGREDIENTES:

1 ½ xícaras de água morna
1 colher de sopa de fermento biológico granulado para pão ou 1 tablete de fermento
5 ½ a 6 xícaras de farinha de trigo integral
¼ xícara de mel
½ xícara de água quente
1 colher de sopa de sal
3 colheres de sopa de manteiga
½ xícara de farinha de centeio ou
¼ xícara de farelo e ¼ xícara de germe de trigo
manteiga para passar sobre os pães ao retirá-los do forno – a manteiga amaciará a crosta.

PREPARAÇÃO:

Dissolva o fermento na água morna. Junte as 2 xícaras de farinha, uma a uma, batendo depois de cada adição. Junte 2 colheres, de chá, de mel (retiradas de ¼ xícara pedido na receita). Deixe essa mistura tapada e em lugar quente por uns 20 minutos.

Aqueça bem ½ xícara de água, misture o sal, o resto do mel e a manteiga. Deixe amornar e então junte o fermento dissolvido.

Coloque o centeio (ou o farelo e o germe) e bata bem. Junte aos poucos, batendo sempre, o resto da farinha até obter a consistência necessária para amassar com as mãos. Coloque a massa em mesa enfarinhada e amasse-a de 10 a 12 minutos. Coloque em tigela untada, cubra-a e deixe crescer em lugar quente até dobrar de volume, cerca de 1 ½ a 2 horas.

Abaixe então a massa sobre a mesa enfarinhada e trabalhe-a por 2 minutos. Divida a massa de acordo com os pães que pretende fazer. Feche-os bem nas beiradas e na emenda. Coloque em formas ou assadeiras untadas. Deixe-os crescerem até dobrarem de volume (uns 45 minutos). Aos 30 ou 35 minutos verifique se estão crescendo bem. Se assim for, acenda o forno e deixe-o aquecer por 10 ou 15 minutos e só então coloque os pães. Forno moderado.

Depois de assados, retire-os do forno e pincele-os com manteiga derretida, se preferir crosta macia.

PÃO INTEGRAL MORENINHO (*Sem açúcar*)

INGREDIENTES:

2 colheres de sopa de fermento biológico granulado para pão ou 2 tabletes de fermento Fleischmann
2 ¼ xícaras de água morna
5 colheres de chá de manteiga ou óleo
2 colheres de chá de sal
5 ½ a 6 xícaras de farinha de trigo integral

PREPARAÇÃO:

Dissolva o fermento em ⅓ xícara de água morna tirada do total de água da receita. Tape e reserve, enquanto peneira a farinha toda; deixe-a em outra tigela.

Coloque, onde for amassar o pão – tigela ou bacia –, a manteiga (ou óleo) e o sal. Ponha o resto da água morna, misture tudo e coloque o fermento já dissolvido, mexendo tudo bem. Acrescente, aos poucos a farinha, batendo sempre, e, quando ela ficar rija, amasse-a com as mãos na própria tigela. Retire-a, passe óleo (ou manteiga) só para untar a tigela e coloque a massa dentro de novo para crescer. Vire a parte de baixo para cima (a manteiga ou óleo na superfície evitará que seque). Deixe descansar por 15 minutos, divida a massa em 2 partes, faça os pães conforme desejar e coloque-os em formas ou assadeiras untadas. Deixe crescer por mais 15 minutos. Depois coloque-os no forno que você *já aqueceu durante os 10 ou 12 últimos minutos,* mais que moderado – 190°C.

Se preferir outra técnica, deixe crescer pela 2ª vez até dobrar de volume. Acenda antes disso o forno (alguns minutos) para aí colocá-los quando já estiver quente.

PÃO INTEGRAL SUÍÇO

INGREDIENTES:

1 colher de sopa de fermento biológico granulado para pão
½ xícara de água morna
¾ xícara de leite fervendo
⅓ xícara de mel
½ xícara de manteiga
1 colher de chá de sal
2 ovos batidos
suco e casca ralada de ½ limão
4 ½ xícaras de farinha de trigo integral ou mais

PREPARAÇÃO:

Dissolva o fermento na água morna e cubra-o.

Ferva o leite, misture com o sal e o mel. Deixe amornar e coloque a manteiga aos pedaços. Junte o fermento dissolvido. Bata bem os ovos e reserve 1 colher, de sopa, para pincelar o pão ou os pães. Acrescente o suco e a casca ralada de meio limão. Misture bem e vá juntando a farinha, xícara por xícara, batendo sempre. Quando der para amassar com as mãos, faça-o sobre superfície enfarinhada, sovando-a ou amassando-a por uns 10 minutos. Coloque a massa em tigela untada, cubra-a e ponha a crescer em lugar quente, por cerca de 1 a 1 ½ horas. Volte à superfície enfarinhada, baixe a massa, trabalhe-a por uns 2 minutos e modele-a como quiser (um ou dois pães).

Coloque em assadeiras untadas. Passe o ovo em cima, deixe crescer até dobrar de volume. Depois de 30/35 minutos, acenda o forno – moderado – por 10 a 15 minutos.

Coloque-os no forno.

PÃO EM TIRAS

INGREDIENTES:

3 colheres de sopa de fermento biológico granulado para pão ou 3 tabletes de fermento
1 ½ xícaras de leite morno
2 colheres de sopa de mel
1 colher, de sopa de sal
⅓ xícara de manteiga
1 ovo
4 ½ a 5 xícaras de farinha de trigo integral
casca ralada de limão ou laranja (se quiser acrescentar gosto à receita, em si, já saborosa)
½ xícara ou pouco mais (¾) de manteiga derretida à temperatura ambiente ou ligeiramente morna

PREPARAÇÃO:

Dissolva o fermento em 1 colher, de sopa, de mel (tirada da medida solicitada) e ½ xícara do leite morno (tirada da medida da receita). Em uma tigela grande, coloque: mel, sal e 1 ½ xícaras de farinha. Aqueça o resto do leite (1 xícara) e ⅓ xícara de manteiga. Ponha no centro da tigela com mel, sal e farinha. Despeje aí o fermento dissolvido. Bata o ovo e junte-o à mistura. Bata com a batedeira em velocidade média durante 3 minutos. Junte mais 1 xícara de farinha e bata durante mais 3 minutos. Acrescente o resto da farinha, aos poucos, batendo com colher de pau e misturando tudo muito bem.

Coloque em tigela untada, vire o lado de baixo para cima (o untado, para não secar a superfície), cubra e deixe crescer em lugar quente por cerca de 30 minutos.

Vire sobre a mesa levemente enfarinhada e amasse durante uns 12 minutos. Cubra levemente e deixe descansar por 10 minutos.

Divida a massa em 2 partes e faça 2 retângulos com o rolo.

Trabalhe só com 1, cortando em tiras de 2 cm de largura e corte essa tira longa em 3 partes (2 cortes). Passe cada tira, mergulhando-a bem, dentro da manteiga derretida; use para isso tigela média ou panela funda. Unte uma forma de furo no centro, para bolo grande, e coloque aí as tiras passadas na manteiga. Os retângulos devem ser de 30 cm de largura e 45 cm de comprimento, aproximadamente. O importante é que cada tira tenha aproximadamente 2 cm de largura e 10 cm de extensão, não mais. Elas devem ser mergulhadas na manteiga, uma a uma para ficarem bem untadas. Faça o mesmo com o outro retângulo. Tudo terminado, ponha a massa para crescer na forma, em lugar quente, por cerca de hora e meia.

Aqueça o forno – moderado – por cerca de 12 minutos *antes* de colocar o pão e vigie-o (sem abrir a porta do forno) para não queimar. Sirva quente, puxando as tiras uma a uma. Já têm manteiga.

TRANÇAS SALGADAS

INGREDIENTES:

Para dissolver o fermento:

1 colher de sopa de fermento biológico granulado para pão ou 1 tablete

¼ xícara de água morna

½ colher de chá de mel ou melado grosso

Para a massa do pão:

5 a 6 xícaras de farinha integral de trigo

1 colher de sopa de sal

1 colher de sopa de mel ou melado grosso

1 ¾ xícaras de água morna

sementes de gergelim ou castanha-do-pará ou amendoins, picados miudinho, para polvilhar as tranças

PREPARAÇÃO:

Dissolva muito bem o fermento, cubra e deixe repousar em lugar quente ou morno por 10 minutos.

Em tigela grande coloque todos os ingredientes, exceto a farinha, ou seja: água, sal, mel ou melado. Não vai gordura alguma nesse pão.

Junte o fermento dissolvido e crescido (ou não, mas que esteja bom). Junte a farinha, xícara por xícara, sempre, batendo bem depois de cada adição. Continue a colocar farinha e bata com a colher de pau ou, simplesmente, misture quando não der mais para bater. Cubra com uma toalha e deixe descansar por uns 10 minutos.

Vire depois a massa sobre a mesa enfarinhada e amasse-a por uns 10 minutos até tornar-se elástica e macia. Faça uma bola e coloque-a em tigela ligeiramente aquecida e untada. Vire-a para untar também a parte de cima da massa. Cubra-a e coloque-a em lugar quente para crescer durante 1 ½ hora, aproximadamente. Depois de crescida, vire-a sobre a mesa enfarinhada e amasse-a novamente por cerca de 10 minutos. Divida a massa em 2 partes iguais. Tome cada parte e divida em 3 partes iguais. Uma balança de cozinha ajuda muito nas proporções e aspectos correios nesse caso.

Faça cordões com as 3 partes e monte a trança (como as de cabelo, linha etc.). Una as pontas, se quiser estilo de rosca, ou, simplesmente, deixe as tranças longas.

Faça o mesmo com a outra parte.

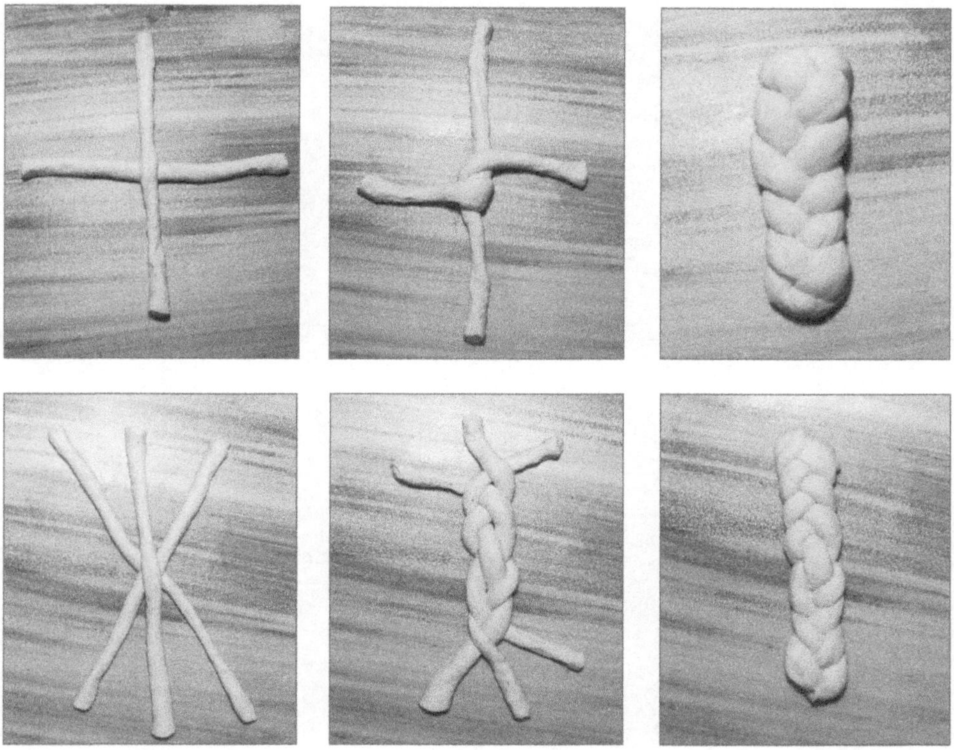

Coloque as tranças em assadeira untada e deixe em lugar quente para crescerem e dobrarem de volume.

Aqueça o forno – médio – por uns 12 minutos antes de colocar os pães. Quando as tranças tiverem dobrado de volume, pincele-as com água ou leite e polvilhe com gergelim, castanha-do-pará ou amendoins, picados em pedacinhos pequenos. Asse-as e retire-as com cuidado da assadeira para não perderem as coberturas. Se preferir, pode pincelar as roscas ou tranças com ovo batido antes de polvilhá-las.

PÃEZINHOS

68 | PÃEZINHOS INTEGRAIS GUARANI

70 | PÃEZINHOS INTEGRAIS ALEGRIA

71 | PÃEZINHOS INTEGRAIS PREGUIÇOSOS

72 | PÃEZINHOS INTEGRAIS SAUDADE

73 | PÃEZINHOS INTEGRAIS FLORES-DO-CAMPO

75 | PÃEZINHOS DE CENTEIO CLAROS

76 | PÃEZINHOS PARA HAMBURGERS

77 | VARETINHAS OU PAUZINHOS SALGADOS I

78 | VARETINHAS OU PAUZINHOS SALGADOS II

79 | PÃEZINHOS SEM COLESTEROL

PÃEZINHOS INTEGRAIS GUARANI (*50% ou 100%*)

INGREDIENTES:

1 colher de sopa de fermento biológico granulado para pão ou 1 tablete
2 xícaras de água
1 ½ colheres de chá de mel ou melado grosso
1 colher de sopa rasa, de sal
2 colheres de sopa de óleo ou manteiga
3 xícaras de farinha de trigo branca
3 xícaras de farinha de trigo integral

Cobertura:

1 colher de chá de maisena
½ xícara de água para dissolvê-la

PREPARAÇÃO:

Esquente junto a água, o mel, o sal e a manteiga em fogo baixo até amornar (38°C no máximo). Coloque na tigela onde vai fazer os pães. Dissolva muito bem o fermento nesse líquido. Coloque 5 xícaras de farinha, uma a uma, batendo com a colher de pau.

Vire a massa sobre tábua enfarinhada e amasse-a com ½ xícara de farinha. Se for necessário use mais farinha e amasse até obter uma massa sedosa e lisa. Isso levará de 10 a 12 minutos.

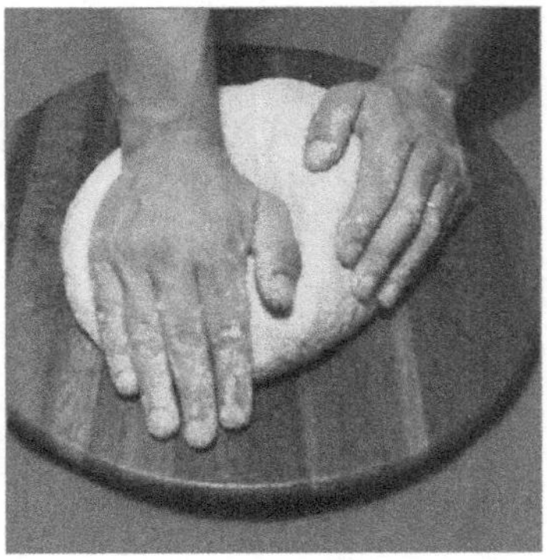

Unte a tigela, ponha aí a massa, vire-a depois deixando a parte untada para cima. Cubra e deixe crescer em lugar quente até dobrar de volume, cerca de 1 ½ a 2 horas.

Baixe-a com a mão fechada para deixar o ar sair e vire-a sobre a mesa ligeiramente enfarinhada. Faça um rolo que será dividido em quantos pãezinhos desejar – de 16 a 20. Tome cada pedaço e faça uma bolinha, amassando-a cuidadosamente e fechando-a bem.

Agora dê a forma alongada com maior comprimento que largura. O centro será mais largo que as extremidades.

Unte assadeiras – 3 ou 4 dependendo do tamanho delas e da quantidade de pãezinhos – e coloque-os afastados uns dos outros. Cubra-os levemente e deixe crescerem em lugar quente por cerca de 30 a 35 minutos.

Tome agora a maisena dissolvida em água fria e leve ao fogo para ferver. Deixe amornar. Pincele cada pãozinho e, com gilete ou faca afiada, faça sobre cada um, um corte longitudinal, no meio.

O forno tem de ser aceso – moderado – 175°C e depois de quente (10-12 minutos) colocar os pãezinhos.

NOTA: Esta receita pode ser 100% integral – neste caso usar somente farinha integral.

PÃEZINHOS INTEGRAIS ALEGRIA *(para sanduíches)*

INGREDIENTES:

1 colher de sopa de fermento biológico granulado para pão ou 1 tablete
1 colher de sopa de mel
1 colher de chá de sal
¼ xícara de leite em pó sem água
1 xícara de água bem quente
¼ xícara de óleo
1 ovo
3 xícaras de farinha de trigo integral (aproximadamente)
gergelim para a crosta, se quiser

PREPARAÇÃO:

Misture 1 xícara de farinha, o fermento e o sal.

Junte o leite (em pó), a água e o mel. Bata com a batedeira elétrica – velocidade média – por 2 minutos. Junte mais 1 xícara de farinha, o ovo batido e o óleo e bata em alta velocidade por mais 2 minutos. Acrescente agora mais farinha até obter massa firme. Cubra e deixe crescer em lugar quente por 15 minutos.

Vire a massa sobre a mesa enfarinhada e abaixe-a. Divida-a em 10 ou 12 pedaços iguais e faça bolas bem fechadas; achate-as com as mãos e coloque-as em assadeiras untadas. Cubra e deixe crescer por 15 minutos. Se quiser, pincele-as com leite (ou ovo, ou clara) e polvilhe-as com sementes de gergelim. Forno pré-aquecido moderado.

Os pãezinhos se assam em 15 minutos, aproximadamente. São macios e gostosos. Ficam lindos com gergelim, ou seja, sésamo.

PÃEZINHOS INTEGRAIS PREGUIÇOSOS *(de geladeira)*

INGREDIENTES:

1 colher de sopa de fermento biológico granulado para pão ou 1 tablete
½ xícara de água morna
1 xícara de leite fervido, amornado
¼ xícara de mel
⅓ xícara de manteiga
1 colher de chá de sal (ou 2, se preferir)
2 ovos
1 xícara de batatas cozidas e amassadas
de 6 a 7 xícaras de farinha integral
manteiga derretida

PREPARAÇÃO:

Misture a batata amassada com a manteiga, os ovos, o mel e o sal até ficar bem ligado.

O fermento deve ser dissolvido na água morna. Junte o leite morno à primeira mistura e o fermento. Misture tudo muito bem. Vá juntando e batendo a farinha, aos poucos, até que a massa fique rija. Vire-a sobre a mesa enfarinhada e amasse-a por uns 10 minutos. Ponha a massa em tigela untada, cubra e deixe crescer até dobrar de volume, em lugar quente, cerca de 1 ½ a 2 horas. Abaixe-a, amasse-a ligeira e levemente. Unte a superfície com manteiga derretida e cubra-a com plástico até o momento de assar. Pode ficar muitas horas ou toda a noite na geladeira. Uma hora antes de assar os pãezinhos, vire a massa sobre a mesa enfarinhada; use o rolo para igualar a espessura e corte com cortador, xícara ou copo, pequenos. Coloque em assadeiras untadas. Cubra, deixe crescer em lugar quente, de 45 minutos a 1 hora. Acenda o forno cerca de alguns minutos antes – moderado – 175°C. Asse até dourarem.

NOTA: Pode-se colocar passas em alguns e nozes ou pedacinhos de chocolate, não muito pequenos, em outros, assim haverá surpresas dentro de cada pãozinho. Podem ser feitos com as mãos.

PÃEZINHOS INTEGRAIS SAUDADE

INGREDIENTES:

½ xícara de água morna
2 colheres de sopa de fermento biológico granulado para pão ou 2 tabletes de fermento Fleischmann
1 colher de sopa de açúcar escuro (mascavo)
1 colher de sopa de sal
⅓ xícara de manteiga
⅓ xícara de mel
1 xícara de água fervente
1 ⅓ xícaras de água fria
3 xícaras de farinha de trigo integral
2 xícaras de aveia
4 xícaras de farinha branca, aproximadamente
se gostar, acrescente 1 colher de chá de cardamomo (dá gosto de panetone) ou erva-doce

PREPARAÇÃO:

Dissolva o fermento com água morna (½ xícara) e 1 colher, de sopa, de açúcar.

Em tigela grande coloque a manteiga, o mel e o sal. Ponha sobre eles a água fervente e mexa bem. Acrescente a água fria e junte o fermento dissolvido mexendo e misturando bem.

Coloque uma a uma as xícaras de farinha integral, batendo sempre. Coloque depois, aos poucos, a aveia, sempre batendo. Junte gradativamente a farinha branca até obter consistência para amassar. Acrescente o cardamomo (ou a erva-doce), se assim o desejar. Vire a massa sobre a mesa enfarinhada e amasse-a até ficar macia e homogênea.

Unte a tigela limpa com manteiga, ponha aí a massa e vire-a deixando para cima a parte untada. Cubra e coloque em lugar quente para crescer – de 1 ½ a 2 horas – até dobrar de volume. Baixe depois a massa e vire-a sobre a mesa enfarinhada. Agora divida a massa em partes iguais, grandes, e de cada uma delas faça o mesmo número de pãezinhos. Use a imaginação se quiser variar os formatos, se não, faça-os redondos, bem fechados. Coloque-os em assadeiras untadas. Cubra-os e deixe crescerem em lugar quente por 30 minutos, até dobrarem o tamanho. Aqueça antes o forno – moderado – 175° por alguns minutos. Coloque-os no forno. Eles devem ficar dourados quando estiverem assados.

PÃEZINHOS INTEGRAIS FLORES DO CAMPO

INGREDIENTES:

1 colher de sopa de fermento biológico granulado para pão ou 1 tablete
1 xícara de leite morno
1 xícara de água morna
2 colheres de sopa de mel ou melado
2 colheres de chá de sal
¼ xícara de manteiga mole
1 ovo
5 ½ a 6 xícaras de farinha de trigo integral

PREPARAÇÃO:

Dissolva o fermento na água morna, junte o leite, mel ou melado, sal e farinha até 2 a 3 xícaras, sempre misturando tudo. Bata bem, junte o ovo e a manteiga. Bata mais. Será mais fácil se para isso usar a batedeira elétrica. Depois use a colher de pau para misturar o resto da farinha, batendo até conseguir uma massa suave.

Vire-a sobre superfície enfarinhada e amasse-a por cerca de 5 minutos. Coloque em tigela untada. Unte a parte de cima da massa, virando-a na tigela. Cubra e deixe por cerca de 1 hora em lugar quente para crescer até dobrar de volume. O plástico é excelente para cobrir a massa.

Depois, vire a massa crescida sobre a mesa enfarinhada e trabalhe-a por uns 2 minutos. Divida a massa para fazer os pãezinhos.

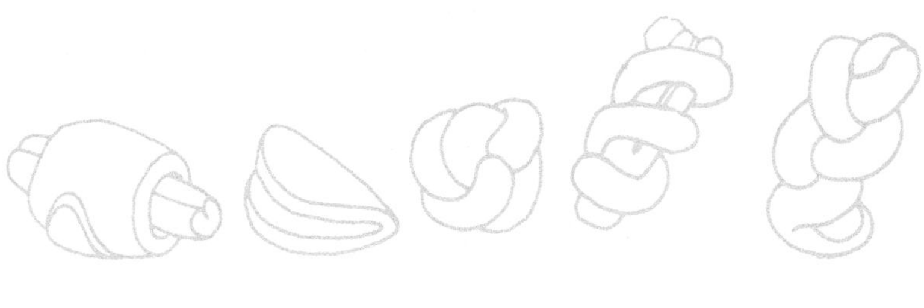

Dê-lhes as formas que preferir: redondos, longos, torcidos. Coloque-os em assadeiras untadas, cubra-os e deixe crescerem em lugar quente até dobrarem de volume. Acenda o forno alguns minutos antes de os pãezinhos terem dobrado de tamanho. Forno moderado.

VARIAÇÕES

1 – Quanto aos líquidos pode-se usar:

a – só água

b – leite em pó

c – leite evaporado (neste caso use ½ xícara de leite evaporado e 1 ½ xícaras de água morna).

2 – Quanto às farinhas:

Substitua a farinha integral nas *mesmas quantidades* por:

1 xícara de farinha de centeio ou

½ xícara de farinha de soja ou

¼ xícara de triguilho (neste caso colocá-lo juntamente com os líquidos) ou

¼ xícara de germe de trigo.

PÃEZINHOS DE CENTEIO CLAROS

INGREDIENTES:

2 colheres de sopa de fermento biológico granulado para pão ou 2 tabletes
½ xícara de água morna (para dissolver o fermento)
1 xícara de água quente
1 colher de chá de mel ou melado tirado da seguinte quantidade:
⅓ xícara de mel ou melado
1 colher de chá de sal
3 colheres de sopa de manteiga
2 a 3 xícaras de farinha de trigo normal (branca) – peneirada
2 ¾ xícaras de farinha de centeio – peneirada
se gostar pode pôr 1 colher de chá de alcarávia (kümmel) ou de erva-doce
manteiga, se quiser passar nos pãezinhos depois de assados

PREPARAÇÃO:

Dissolva o fermento na água morna e a colher de chá da receita de mel ou melado.

Em tigela maior dissolva o mel ou melado, o sal, a manteiga, a água quente e a erva-doce ou alcáravia. Misture bem, coloque o fermento dissolvido, junte 1 ½ xícaras de farinha de trigo e bata bem. Vá acrescentando, aos poucos, a farinha de centeio batendo sempre. Agora coloque também, aos poucos, o resto da farinha ou aquela que for necessária para poder amassar com as mãos. Cubra e deixe descansar por 15 minutos. Vire então a massa sobre a mesa ligeiramente enfarinhada e amasse-a até ficar macia, cerca de 12 minutos. Coloque em tigela untada, vire o lado de baixo para cima. Cubra e deixe crescer em lugar quente cerca de 1 hora ou mais. Vire-a sobre a mesa enfarinhada, abaixe-a e divida a massa em pedaços para fazer os pãezinhos. Trabalhe-os fechando-os bem para que cresçam (de 16 a 18 pãezinhos). Coloque-os em assadeira ou assadeiras untadas. Cubra-os e deixe crescer em lugar quente por 1 hora. Acenda o forno moderado – 170°C. Só os retire quando estiverem assados. Se gostar de crosta macia, pincele-os com manteiga derretida.

PÃEZINHOS PARA HAMBURGUERS

INGREDIENTES:

2 colheres de sopa de fermento biológico granulado para pão ou 2 tabletes
3 colheres de sopa de manteiga
2 ½ colheres de sopa de açúcar mascavo
2 colheres de chá de sal
1 xícara de cebolas picadas
2 ¼ xícaras de água bem quente – (60°C)
3 xícaras de farinha de trigo branca
3 xícaras de farinha de trigo integral

PREPARAÇÃO:

Frite as cebolas na manteiga por uns 5 a 7 minutos. Reserve 2 colheres, de sopa. Coloque na tigela da batedeira: 1 xícara de farinha branca, 1 de farinha integral, açúcar, sal e fermento em pó. (Se vai usar tabletes de fermento é melhor dissolvê-los em água morna antes, ½ xícara.) Misture bem tudo isso e junte a cebola, menos as 2 colheres de sopa. Coloque a água bem quente e bata em velocidade baixa por 2 minutos. Junte 1 xícara de farinha integral, bata por mais 2 minutos em alta velocidade. Acrescente mais farinha integral e farinha branca até obter massa bem macia (1 xícara de farinha branca, mais ou menos, será o suficiente). Polvilhe ⅓ de xícara de farinha branca na mesa e coloque aí a massa para trabalhá-la com as mãos por uns 5 minutos. Junte mais farinha se for necessário. Coloque em tigela untada, cubra-a e deixe crescer, em lugar quente, até dobrar de volume. Abaixe-a e divida-a em 36 bolas. Forme pãezinhos redondos bem fechados, coloque-os em assadeiras untadas e separados 1,5 cm uns dos outros. Use ¼ colher, de chá, de cebola picada sobre cada um deles. Cubra com toalha e deixe crescer até dobrarem de volume. Ponha-os em forno moderado – 180°C, já previamente aquecido. Asse-os por uns 20 minutos, dependendo do seu forno.

OPÇÃO: Pode usar a cebola na massa e também para cobrir os pãezinhos acrescentando 1 clara ligeiramente batida com 1 colher, de sopa, de água. Polvilhe-os com semente de gergelim. Ficarão bonitos e poderão ser utilizados com patês naturais, alface, tomate ou até hamburgers vegetais.

VARETINHAS OU PAUZINHOS SALGADOS (I)

INGREDIENTES:

1 colher de sopa de fermento biológico granulado para pão ou 1 tablete
1 ½ xícaras de água morna
1 colher de chá de sal
1 colher de sopa de açúcar mascavo
4 xícaras de farinha de trigo integral, aproximadamente
1 ovo batido e sal grosso para passar nos pauzinhos

PREPARAÇÃO:

Dissolva o fermento na água morna. Coloque o açúcar e mexa bem.

Acresente depois o sal e 3 xícaras de farinha, batendo sempre com a colher de pau. Coloque mais farinha se necessário para obter uma massa rija. Acenda o forno – 200°C.

Vire a massa sobre a mesa enfarinhada e amasse-a até ficar sedosa e macia.

Divida a massa em 6 partes iguais. De cada parte devemos fazer 8 cordas fininhas e longas. Faça todas as varetinhas do mesmo comprimento. Ponha-as em assadeiras untadas, pincele-as com o ovo batido e polvilhe com sal grosso.

Antes de colocar as varetinhas na assadeira, pode-se passá-las no ovo batido e no sal grosso. Deixar crescer até dobrarem de volume e coloque-as no forno moderado.

VARETINHAS OU PAUZINHOS SALGADOS (II)

INGREDIENTES:

1 colher de sopa de fermento biológico granulado para pão ou 1 tablete

Para dissolver o fermento:

2/3 xícara de água morna

½ colher de chá de mel ou melado

½ colher de chá de farinha

Para a massa do pão:

2 colheres de sopa de óleo comum

2 colheres de sopa de azeite de oliva

1 colher de chá de sal

1 colher de chá de mel ou melado

2 ½ xícaras de farinha de trigo integral

Para passar nos pauzinhos:

1 ovo batido e sementes de gergelim, kümmel (alcarávia) ou papoula

PREPARAÇÃO:

Dissolva o fermento na água morna; junte mel e farinha. Cubra e deixe-o repousar por 10 minutos. Em tigela grande, coloque óleo, azeite, sal, mel, ponha o fermento e 1 xícara de farinha. Bata muito bem. Vá juntando o resto da farinha até obter massa rija. Ponha a massa sobre a mesa enfarinhada e amasse-a cerca de 8 minutos. Se for necessário, junte mais farinha. Ponha em tigela untada e unte a superfície da massa também. Cubra e deixe crescer por cerca de 1 hora em lugar quente até dobrar de volume. Abaixe-a e amasse mais uns 3 minutos. Divida a massa em 4 partes iguais. De cada parte faça 4 cordas finas e corte cada corda em 3 partes. Feche as pontas. Faça o mesmo com cada parte, cada uma delas dará 12 pauzinhos – o total será então 48. Coloque-os, à medida que for fazendo, em assadeiras untadas. Pincele-os com ovo batido e polvilhe com gergelim, *kümmel* (alcarávia) ou sementes de papoula. Deixe crescer por cerca de 30 minutos em lugar quente. Uns 10-12 minutos, antes, acenda o forno – moderado – 160 a 170°C e quando este estiver quente e os pauzinhos já crescidos, coloque no forno a primeira assadeira.

PÃEZINHOS SEM COLESTEROL

INGREDIENTES:

2 claras de ovos batidas ligeiramente
½ xícara de óleo
½ xícara de açúcar
1 tablete de fermento para pão, dissolvido em ¼ de xícara de água morna
1 colher de chá de sal
1 xícara de água morna
4 xícaras de farinha integral ou de farinha comum
(se usar farinha integral, aumente para 1 ½ tabletes de fermento)

PREPARAÇÃO:

Colocar todos os ingredientes na ordem dada acima. Refrigerar, colocando na geladeira essa massa por 12 horas, *no mínimo*. Esta massa *pode permanecer na geladeira por diversos dias, 8 mais ou menos*. Abra a massa com o rolo e dê-lhe os formatos que preferir, usando para isso a superfície polvilhada de farinha. Deixar crescer por 2 horas antes de colocar os pãezinhos no forno para assar.

Esses pãezinhos podem ser congelados depois de assados (e frios!). Antes de servir, degelar e aquecê-los no forno.

PÃES ORIENTAIS

82 | CHAPATI
83 | PURI
84 | PITA

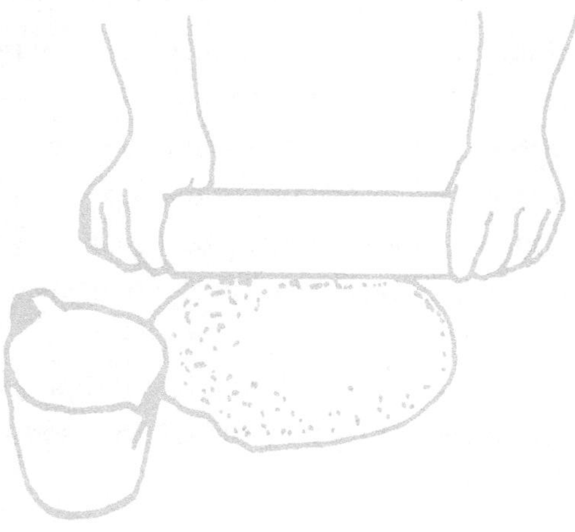

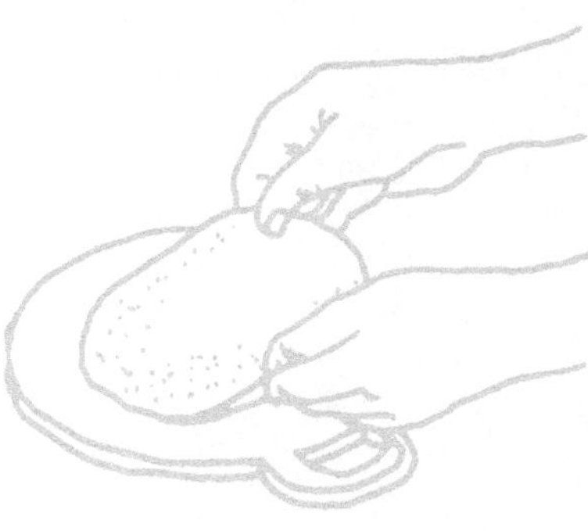

CHAPATI *(pão indiano)*

NOTA: A massa deste pão tipo panqueca requer um descanso de 12 a 24 horas. É mais fácil prepará-lo na véspera de assá-lo.

INGREDIENTES:

½ xícara de água morna
2 colheres de sopa de iogurte ou, se preferir, 1 colher de óleo
1 xícara de farinha integral

PREPARAÇÃO:

Coloque a farinha na tigela. Despeje devagar a água morna e misture o iogurte (ou o óleo). Misture bem e verifique se há necessidade de mais água ou mais farinha. A massa deve ficar macia, mas não pegajosa. Amasse-a bem por uns 12 minutos sobre mesa enfarinhada até deixá-la elástica e macia. Faça uma bola, passe óleo ligeiramente sobre ela e embrulhe-a em plástico. Deixe descansar de 12 a 24 horas.

Depois divida a massa em 8 bolas. Mergulhe cada bola na farinha e abra a massa com o rolo sobre a mesa enfarinhada até obter aproximadamente, 20 cm. É melhor transformar todas as 8 bolas em panquecas finas agora.

Unte uma frigideira e coloque-a sobre chama média. O calor forte queimará o pão, e o mínimo, demorando mais, deixará o pão mais rijo.

Com a frigideira quente (ou grelha lisa), coloque as panquecas, uma de cada vez. Depois de 1 minuto, ou quando notar cor escura aqui e ali, vire a panqueca.

Técnica para estufar os CHAPATI: enquanto eles assam, vire-os levemente com a mão. Pressione-os para baixo com a mão protegida com pega-panela. O CHAPATI estufará e se separará em camadas. Em 2 minutos estará assado.

PURI (*pão indiano*)

INGREDIENTES:

115 gramas de farinha de trigo integral
115 gramas de farinha de trigo normal
1 xícara de água, aproximadamente
1 colher de chá de manteiga derretida
1 colher de sopa de óleo
1 pitada de sal
óleo para fritar

PREPARAÇÃO:

Peneire as farinhas com o sal. Junte a manteiga derretida, óleo, água e misture tudo até a massa obter consistência firme. Amasse-a bem. Cubra-a com um pano úmido durante 20 a 30 minutos. Divida a massa em 16 pedaços iguais. Use um pouco de óleo para dar-lhes a forma redonda. Com o rolo de massas, faça dessas esferas panquecas finas bem redondas e com 9 cm de diâmetro.

Coloque óleo para fritar na frigideira. Tenha à mão uma escumadeira. Aqueça o óleo até o momento de quase "soltar fumaça", isto é, bem quente. Coloque aí, cuidadosamente, cada panqueca. Vire-a imediatamente com a escumadeira até que ela estufe e adquira a cor levemente marrom ou dourada. Retire-a do óleo e seque-a com papel absorvente.

Sirva quente com vegetais bem temperados, cozidos juntos, ou só com berinjela refogada, muito condimentada e com salada temperada com iogurte e alguns pickles.

NOTAS: 1. Desenvolva sua técnica de fazer as panquecas iguaizinhas com a mão e com o rolo. Cuidado para não deixá-las queimar no óleo quente. Cuide-se também para não se queimar.

2. Esta mesma receita serve para pão assado na frigideira. Siga exatamente tudo até o ponto de, ao invés de fritar, assar em frigideira ligeiramente untada.

3. Se quiser "pão indiano folhado", coloque 1 colherinha de óleo em cada pedaço, dobre e amasse diversas vezes. Depois, frite-os.

PITA

(Estufam. Podem ser recheados)

INGREDIENTES:

2 xícaras de água morna
2 colheres de sopa de fermento biológico granulado para pão ou 2 tabletes
½ colher de chá de mel
¼ xícara de azeite de oliva
1 colher de sopa de sal
5 a 6 xícaras de farinha de trigo integral
fubá para polvilhar as formas

PREPARAÇÃO:

Misture bem o fermento, o mel e ½ xícara de água morna. Cubra e deixe de lado.

Em uma tigela grande, coloque o resto da água (1 ½ xícaras), o azeite, o sal e o fermento dissolvido. Acrescente as 5 xícaras de farinha, uma de cada vez, batendo após cada adição. Polvilhe de farinha a superfície onde vai trabalhar a massa e vire-a aí. Amasse-a, acrescentando a outra xícara de farinha até que a massa fique elástica, macia e sedosa. Junte só a farinha que for necessária (se a massa já estiver firme e não pegajosa, não use mais farinha). Faça uma bola e coloque-a em tigela untada, vire-a para untar também a parte de cima. Cubra-a e deixe-a crescer de 1 ½ a 2 horas até dobrar de volume. Abaixe-a em superfície enfarinhada. Deixe repousar por uns 10 minutos. Divida-a depois em pedaços, de 8 a 10, fazendo de cada pedaço uma bola. Amasse cada bola durante, aproximadamente, 2 minutos, cubra e deixe repousar por cerca de 30 minutos.

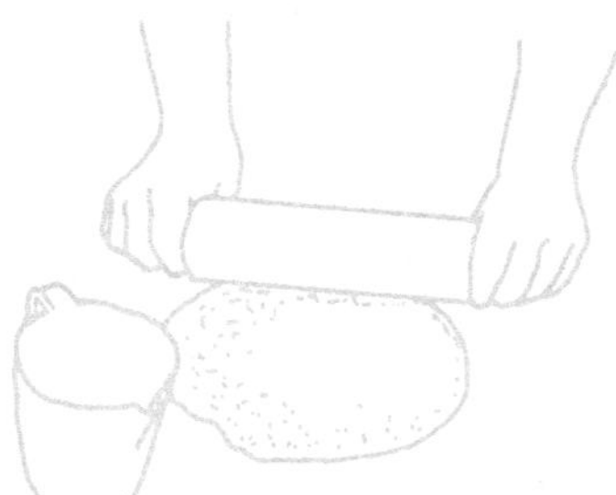

Use o rolo enfarinhado para baixar cada bola num círculo de cerca de 20 cm de diâmetro e 1 cm de espessura. Polvilhe 2 assadeiras com fubá e coloque 2 pães em cada uma; cubra e deixe descansar cerca de 30 minutos. Os outros círculos ficarão sobre a mesa enfarinhada. Cada vez que você assar novos pães, coloque mais fubá nas assadeiras.

Forno quente – quase 250°C, se tiver termostato.

Deixe as 2 grelhas no forno. Ponha uma assadeira na grelha mais próxima do calor, embaixo, durante 5 minutos. Coloque a assadeira na grelha de cima (para os fornos que têm 2 grelhas e 3 posições, use a mais baixa e a média; para os que só têm 2 posições, use hora uma, hora outra). Nessa grelha de cima, ele ficará de 3 a 5 minutos, quando, então, estufará e tomará cor. Aí retire a assadeira e coloque a outra na parte de baixo do forno ou na grelha inferior, por 5 minutos, em alta temperatura. Retire os pães da primeira assadeira, polvilhe-a com fubá e siga o mesmo processo para assar os 8 ou 10 círculos de pão. Podem ser reaquecidos para servir. Esses pães se conservam bem na geladeira e até no *freezer*.

PÃES DE TRIGUILHO
(Trigo quebrado para quibe)

88 | PÃO DE TRIGUILHO FLOR BELA

89 | PÃO DE TRIGUILHO CAMPESTRE

91 | PÃO DE TRIGUILHO SILUETA

PÃO DE TRIGUILHO FLOR BELA

INGREDIENTES:

1 ½ xícaras de água
½ xícara de triguilho (= trigo quebrado usado para quibe)
1 colher de sopa de fermento biológico granulado para pão ou 1 tablete
¼ xícara de óleo
¼ xícara de melado
3/4 colher de chá de sal
¼ xícara de leite em pó
¾ xícara de nozes partidas, pecans ou amêndoas
2 ¼ a 2 ½ xícaras de farinha de trigo integral

PREPARAÇÃO:

Cozinhe o triguilho com 1 xícara de água até que fique macio e tenha absorvido a água; deixe primeiro ferver, reduza o calor e mexa um pouco durante mais ou menos 10 minutos. Deixe esfriar.

Em outra tigela misture o fermento seco, o leite em pó, sal e 1 xícara de farinha integral – tudo seco. Junte ½ xícara de água morna (38°C aproximadamente), o óleo e o melado. Bata com a batedeira elétrica em velocidade média por uns 2 minutos. Junte mais 1 ¼ xícaras de farinha e bata mais 2 minutos, agora em alta velocidade. Junte as nozes (ou *pecans* ou amêndoas), o triguilho morno e acrescente mais farinha para obter massa firme. Vire-a, então, sobre a mesa enfarinhada e amasse-a por uns 12 minutos. Ponha-a em tigela untada, vire-a para untar também a parte de cima. Cubra-a, colocando-a dentro de um saco grande de plástico. Deixe crescer em lugar quente por 1 ½ hora. A massa ficará leve mas não dobrará de volume. A seguir, coloque-a sobre a mesa. Abaixe-a e forme seu pão redondo de nozes.

Coloque em assadeira untada. Cubra com plástico e deixe crescer, por cerca de 30 minutos, em lugar quente. Se quiser, dê uns cortes no pão antes de colocá-lo para crescer.

Acenda o forno – médio – cerca de 180 a 190°C. Asse o pão durante uns 20 minutos se o seu forno conservar a temperatura, se não, verifique depois de 15 minutos e só retire quando ele soar oco ao bater-se nele. Retire da assadeira e esfrie na grelha.

PÃO DE TRIGUILHO CAMPESTRE

INGREDIENTES:

2 xícaras de triguilho
2 xícaras de farinha de centeio fina
6 xícaras de farinha de trigo fina, integral, ou 2 xícaras de farinha branca e 4 xícaras de farinha integral
2 colheres de sopa de fermento granulado biológico para pão ou 2 tabletes
½ colher de chá de bicarbonato de sódio
1 colher de sopa de açúcar mascavo
1 colher de sopa, de sal
2 ½ xícaras de soro de leite (a parte líquida do leite coalhado) ou iogurte
2 ½ xícaras de água
⅔ xícara de óleo vegetal ou manteiga

PREPARAÇÃO:

Aqueça o soro de leite (eventualmente pode-se substituir por iogurte, coalhada, leite talhado), a água e o óleo, até ficarem bem mornos. Junte, em uma tigela, os ingredientes seguintes: 4 xícaras de farinha de trigo integral (pode colocar uma xícara de branca), o açúcar mascavo, o sal, o bicarbonato e o fermento em pó. Misture bem. Ao despejar os líquidos bem mornos (38°C), bata com a batedeira elétrica, em velocidade média, por 2 minutos. Junte aos poucos, o triguilho, o centeio e, por último, as 2 xícaras de farinha (pode ser 1 da branca e a outra da integral). A massa deve ficar firme. Se não quiser usar a batedeira elétrica, bata bem com a colher de pau. O processo é mais lento, pois se bate após a adição de cada xícara de farinha, porém controla-se melhor a mistura dos ingredientes.

Vire a massa em superfície enfarinhada e amasse-a por uns 10 ou 12 minutos até que fique elástica. Coloque em tigela untada, virando-a do outro lado para que a parte de cima da massa fique untada. Cubra com plástico ou saco de plástico e deixe crescer por cerca de 1 hora em lugar quente até que a massa dobre de volume.

Baixe-a e coloque-a sobre a mesa enfarinhada. Cubra com o mesmo plástico ou com a própria tigela e deixe descansar por 15 minutos. Faça então os pães como desejar, colocando-os em formas ou assadeiras untadas. Deixe crescer até dobrar de volume, por cerca de 30 minutos. Após 20 minutos do crescimento, acenda o forno moderado – 175°C para, quando os pães tiverem alcançado o dobro do volume, colocá-los no forno *já quente*. Com um bom termostato, o tempo para assá-los é de cerca de 35 minutos – 4 pães médios. Mas com fornos fortes e rápidos ou pães menores o tempo é menor. Conheça seu forno!

NOTA: A quantidade grande de líquido é para umedecer bem o triguilho.

PÃO DE TRIGUILHO SILUETA

INGREDIENTES (RECEITA GRANDE):

8 a 9 xícaras de farinha integral
3 xícaras de triguilho
4 xícaras de água fervente
3 colheres de sopa de manteiga ou óleo
1 colher de sopa de açúcar mascavo
1 colher de sopa de sal
3 colheres de sopa de fermento granulado biológico para pão ou 3 tabletes
1 1/3 xícaras de água morna

PREPARAÇÃO:

Despeje a água fervente (4 xícaras) sobre o triguilho, mexa e acrescente a manteiga, o açúcar e o sal. Cubra e deixe amornar.

Dissolva o fermento em 1 1/3 xícaras de água morna e junte o triguilho. Acrescente, uma a uma as 8 ou 9 xícaras de farinha, batendo com colher de pau após cada adição. Continue até obter massa firme; vire a massa sobre a mesa enfarinhada e amasse-a até ficar elástica. Coloque-a em tigela untada, virando a parte untada para cima. Cubra-a e deixe em lugar quente para crescer até dobrar de volume. Pode por a tigela dentro de um saco grande de plástico e fechá-lo. A massa levará aproximadamente 1 ½ hora para crescer. Depois, baixe-a; deixe-a descansar coberta com o mesmo plástico por 15 minutos. Forme então os pães, de 4 a 6, conforme o gosto, e coloque-os em formas de pão ou assadeiras untadas. Deixe crescer por cerca de 30 minutos em lugar quente ou até quase dobrarem de volume. Alguns minutos antes, acenda o forno – moderado – e asse os pães. Ficam bem dourados.

PÃES DE CENTEIO

94 PÃO DE CENTEIO LIMPA
95 PÃO DE CENTEIO COLONIAL
96 PÃO DE CENTEIO FLORESTA NEGRA
97 PÃO DE CENTEIO SUECO
98 PÃO DE CENTEIO JUVENTUDE
100 PÃO DE CENTEIO ROBUSTO
101 PÃO ESCURO DE CENTEIO TERRA RICA
103 PÃO DE CENTEIO BRONZEADO

PÃO DE CENTEIO LIMPA

INGREDIENTES:

1 colher de sopa de fermento biológico granulado para pão ou 2 tabletes
½ xícara de água morna (para dissolver o fermento)
2 colheres de sopa de manteiga
2 colheres de sopa de mel
2 colheres de chá de sal
1 ½ xícaras de água quente
3 xícaras de farinha de centeio
3 xícaras de farinha de trigo – aproximadamente

PREPARAÇÃO:

Dissolva o fermento em tigela pequena com 1/2 xícara de água morna. Cubra-o.

Aqueça bem 1 ½ xícaras de água, coloque em tigela grande, junte o mel, a manteiga e o sal. Deixe amornar. Acrescente o fermento dissolvido. Junte 1 xícara de farinha de trigo, mexa bem e depois vá colocando a farinha de centeio, xícara por xícara, batendo bem. Coloque pouco a pouco a farinha de trigo mexendo sempre até que a massa esteja macia e pronta para ser sovada. Pode dar-se o caso de não necessitar colocar as 3 xícaras de farinha de trigo, sinal de que o centeio absorveu melhor o líquido. Sove a massa durante 10 a 12 minutos. Se nessa operação a massa estiver pegajosa, junte mais farinha. Coloque a massa já homogênea e elástica dentro de tigela untada. Vire-a para cima (o lado untado) e deixe descansar por 1 hora ou mais, em lugar quente, até que dobre de volume. Abaixe a massa, vire-a sobre a mesa enfarinhada. Trabalhe-a por uns 2 minutos e divida a massa em 2 ou 3 partes, conforme os pães que for fazer. Modele-os a gosto: redondos, ovais ou até em formas de pão. Cubra-os e deixe-os crescer em lugar quente. Depois de 30 minutos, verifique o crescimento e então acenda o forno médio mais quente, a 190°C mais ou menos. Quando os pães tiverem dobrado (ou quase) de volume, coloque no forno. Ao todo, eles crescerão – em lugar quente – cerca de 45 minutos antes de ir ao forno. Retire-os depois de bem assados – "cor" e "som" – devem soar oco quando neles se bater com os nós dos dedos.

PÃO DE CENTEIO COLONIAL

INGREDIENTES:

1 xícara de água morna
1 colher de sopa de fermento biológico granulado para pão ou 2 tabletes
1 xícara de leite morno
3 colheres de sopa de melado (ou 2, se preferir menos doce)
3 colheres de sopa de manteiga amolecida
1 colher de sopa de sal
1 colher de chá de kümmel ou alcarávia (sementinha de gosto forte – é opcional)
5 xícaras, aproximadamente, de farinha de trigo normal – branca
2 xícaras de farinha de centeio

NOTAS: 1. A farinha branca deixará o pão mais leve. Não é necessário preocupar-se em colocar as 5 xícaras, pode colocar menos se a massa já estiver boa.

2. Se quiser pode substituir a metade da quantia da farinha branca por farinha integral.

3. Se quiser experimentar o kümmel ou alcarávia fora da receita, polvilhe os pães com essas sementes – use 1 colher, de sopa.

PREPARAÇÃO:

Dissolva o fermento na água morna. Tape-o e deixe-o descansar. Aqueça o leite e despeje-o sobre o melado, o sal, a manteiga e o kümmel (se for usá-lo). Junte o fermento dissolvido, mexa bem. Acrescente 1 xícara de farinha de trigo, bata; junte o centeio, xícara por xícara, batendo bem, e depois vá juntando farinha de trigo até a consistência de amassar. Vire a massa sobre a mesa enfarinhada, amasse-a por aproximadamente 12 minutos. Coloque-a em tigela untada, vire a parte untada para cima. Cubra-a e deixe-a descansar em lugar quente até dobrar de volume. Abaixe a massa, vire-a sobre a mesa enfarinhada, trabalhe-a por uns 2 minutos e faça os pães. Coloque-os em formas ou assadeiras untadas. Deixe-os crescer e ponha-os a assar em forno moderado já aquecido.

PÃO DE CENTEIO FLORESTA NEGRA

INGREDIENTES:

2 colheres de sopa de fermento biológico granulado para pão ou 2 tabletes
2 ½ xícaras de água morna
1 ¼ xícaras de cerveja (não-doce) morna
100 g de manteiga, ou seja, ½ xícara
1 xícara de mel escuro ou melado ou só ½ xícara, se preferir menos doce
2 ovos
4 xícaras de farinha de centeio
6 a 8 xícaras de farinha de trigo integral
1 colher de chá de sal

PREPARAÇÃO:

Dissolva o fermento em ½ xícara de água morna. Aqueça o restante da água e a cerveja. Coloque em tigela grande: manteiga, sal, mel, ovos batidos e os líquidos já aquecidos.

Misture bem. Junte o fermento e continue misturando. Junte 1 xícara de farinha de trigo, bata bem. Junte mais 1 xícara de farinha, bata e coloque, pouco a pouco, o centeio. Continue a bater e acrescente, aos poucos, o restante da farinha de trigo até obter massa firme.

Amasse em superfície enfarinhada até obter massa homogênea e lisa. Unte a tigela, ponha aí a massa, vire-a para cima deixando o lado untado para cima. Cubra e deixe em lugar quente para crescer. Depois abaixe a massa e faça os pães como desejar. Coloque-os em assadeiras ou formas de pão untadas. Deixe em lugar quente para crescer até dobrar de volume. Acenda antes o forno – moderado – 170°C e ponha os pães.

PÃO DE CENTEIO SUECO

INGREDIENTES:

1 colher de sopa de fermento biológico granulado para pão ou 2 tabletes
¾ xícara de água morna
¼ xícara de mel
¼ xícara de melado (ou só ½ xícara)
1 colher de sopa de sal
2 colheres de sopa de manteiga
1 xícara de água fervendo
1 colher de chá de kümmel ou alcarávia (se gostar)
2 xícaras de farinha de centeio
3 a 3 ½ xícaras de farinha de trigo integral

PREPARAÇÃO:

Dissolva o fermento na água morna.

Em tigela grande, coloque o sal, o mel, o melado (ou só o melado) e, se gostar, alcarávia ou *kümmel*. Despeje sobre tudo isso a água fervendo e dissolva bem. Quando estiver morno, despeje o fermento dissolvido. Junte a manteiga.

A seguir, junte 1 xícara de farinha de trigo e misture bem. Junte 1 xícara de centeio, bata e junte a outra. Sempre batendo, *vá* juntando a farinha de trigo necessária até obter massa firme. Sobre a mesa enfarinhada, vire a massa e sove-a (amasse-a) por uns 12 minutos.

Unte a tigela, ponha aí a massa, vire para cima a parte untada. Cubra e deixe crescer por cerca de 1 ½ a 2 horas, em lugar quente, até dobrar de volume.

Abaixe a massa, vire sobre a mesa enfarinhada, trabalhe-a por 2 minutos e faça os pães (dois), colocando-os em assadeiras ou formas untadas. Cubra-os e deixe crescerem por cerca de 1 ½ a 2 horas ou até quase dobrar de volume. Aproximadamente 12 minutos antes acenda o forno – moderado – 175°C (não mais).

Coloque os pães a assar. Como há melado e mel (ou só melado) esses pães têm tendência a escurecer rapidamente. Como eles devem assar em 30 minutos, depois dos 15 minutos iniciais, se estiverem tomando cor rapidamente, pode cobri-los com folhas de alumínio. Depois de assados, vire-os sobre a grelha para esfriarem. Se gostar de crosta macia, passe manteiga sobre eles.

PÃO DE CENTEIO JUVENTUDE

INGREDIENTES:

2 colheres de sopa de fermento biológico granulado para pão ou 2 tabletes

2 ½ xícaras de água morna. Use a ½ da xícara para dissolver o fermento

⅓ xícara de melado

1 colher de sopa de sal

1 colher de sopa de kümmel *ou alcarávia – opcional*

4 ⅓ xícaras de farinha de trigo integral

2 xícaras de farinha de centeio

⅓ xícara de germe de trigo

⅓ xícara de farinha de soja

óleo para pincelar os pães

PREPARAÇÃO:

Dissolva o fermento em ½ xícara de água morna. Deixe repousar.

Misture o resto da água ao melado. Separadamente (sobre papéis limpos, ou bacias) peneire as farinhas.

Junte o fermento dissolvido ao melado com água em tigela grande.

Coloque o sal, o kümmel ou alcarávia (se desejar esse condimento). Misture bem. Ponha 1 xícara ou 2 de farinha integral – mexa bastante. Junte a farinha de centeio, xícara por xícara. Acrescente a farinha de soja e o germe de trigo, continuando a bater para misturar tudo muito bem. Acrescente a farinha de trigo necessária para obter massa firme para ser sovada. Se não precisar de toda a farinha, não use. Ponha a massa em mesa levemente enfarinhada e sove-a (ou amasse-a) bem e bastante – mais ou menos de 10 a 12 minutos.

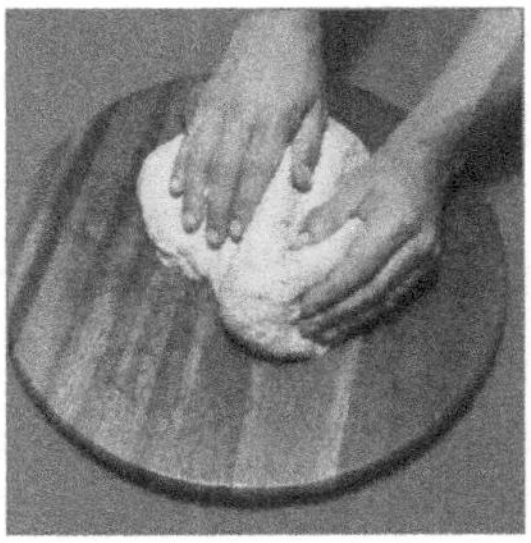

Ponha a massa em tigela untada, vire a parte de baixo (a untada) para cima. Cubra e deixe crescer por cerca de 1 ½ a 2 horas, em lugar quente, até dobrar de volume. Depois, vire-a sobre a mesa enfarinhada e divida-a em 4 partes iguais. Modele seus pães – ovais, redondos ou use as formas que desejar. Unte as assadeiras ou formas antes de nelas colocar os pães. Dê-lhes talhos com faca afiada. Pincele-os com óleo e ponha-os, durante cerca de 1 hora em lugar quente, para crescer, até dobrarem de volume. Antes (45 ou 50 minutos de crescimento) acenda o forno – brando – 160°C, pouco abaixo da temperatura média – durante 10 ou 15 minutos; depois de completado o tempo do crescimento dos pães (1 hora), coloque-os no forno.

Para saber se estão assados, bater na parte de baixo dos pães com os nós dos dedos. Devem soar oco.

PÃO DE CENTEIO ROBUSTO

INGREDIENTES:

1 colher de sopa de fermento biológico granulado para pão ou 1 tablete
1/3 xícara de água morna
1 colher de chá de melado grosso (para dissolver com o fermento na água morna
1/4 xícara de melado grosso (a colher de chá pode sair dessa quantidade)
1 1/2 xícaras de água quente
1/4 xícara de manteiga
2 colheres de chá de sal ou sól ou ... nada de sal
2 1/4 xícaras de farinha de centeio peneirada
1 1/2 xícaras de germe de trigo
1 colher de chá de kümmel (alcarávia) ou de erva-doce, se gostar

PREPARAÇÃO:

Dissolva o fermento e o melado em água morna. Deixe repousar por 10 minutos.

Em tigela maior, coloque a água quente, o melado, a manteiga, o sal, e mexa. Deixe amornar. Junte o fermento dissolvido. Coloque um pouco de germe de trigo, mexa e depois ponha, aos poucos, a farinha de centeio, batendo sempre. Por último, junte o germe de trigo que restou. Bata bem. Se for colocar erva-doce ou alcarávia, agora é o momento. Bata mais. Cubra e deixe crescer por cerca de 1 1/2 a 2 horas em lugar quente.

Quando crescido, bata-o com a colher de pau para baixar. Unte 1 ou 2 formas pequenas com manteiga e aí coloque essa massa que é pastosa, e não seca e rija como as outras massas de pão, pois você não a amassou com as mãos. Espalhe a massa por igual na ou nas forma(s). Cubra e deixe crescer até quase dobrar de volume. Acenda o forno e depois de alguns minutos, coloque a (ou as) forma (s). Temperatura do forno: menos que moderado – de 150 a 160°C. Retire-o somente depois de assado. Pode desligar o fogão e deixá-lo ainda no forno por uns 5 minutos. Depois retire-o da (ou das) forma(s) para esfriar.

NOTAS: 1. Este pão fica melhor se for feito de véspera.
2. As fatias devem ser cortadas finas.

PÃO DE CENTEIO TERRA RICA

INGREDIENTES:

2 colheres de sopa de fermento biológico granulado para pão ou 2 tabletes
¼ xícara de água morna para dissolver o fermento
1 colher de chá de açúcar mascavo
¼ xícara de água fervendo
2 colheres de sopa de manteiga
2 colheres de sopa de açúcar mascavo
1 colher de sopa de sal
1 colher de sopa de cacau amargo
1 colher de sopa de café instantâneo (pó solúvel)
½ ou 1 (ou 1 ½) colher, de chá, de alcarávia (kümmel) ou de erva-doce (se gostar)
3/4 xícara de água fria
2 xícaras de farinha branca (mais, se necessário)
2 xícaras de farinha de centeio
½ xícara de fubá
1 xícara de farinha integral
1 clara de ovo batida com 2 colheres de sopa de água para pincelar os pães

PREPARAÇÃO:

Misture bem para dissolver, o fermento, a água morna e 1 colher, de chá, de açúcar mascavo.

Em uma panela misture o fubá com água fria, aos poucos. Despeje a água fervente e mexa até engrossar. Quando engrossar e começar a ferver, junte a manteiga, o sal, o açúcar, a alcarávia e a erva-doce (se gostar), o cacau peneirado e o café em pó solúvel. Misture tudo muito bem. O fermento dissolvido deverá estar na tigela onde se vai amassar o pão. Junta-se um pouco de farinha de trigo branca ao fermento e, quando a outra mistura estiver morna, junte-a ao fermento com farinha. Aos poucos incorpore o centeio, a farinha integral e a farinha branca até que a massa se torne firme. Vire-a sobre a mesa enfarinhada e amasse-a. Junte a farinha que for necessária até que a massa se torne elástica.

Coloque-a dentro de tigela untada e vire a parte de baixo para cima, assim a massa não resseca na parte de cima. Cubra-a e deixe crescer em lugar quente, sem correntes de ar. O forno ligeiramente aquecido é ideal. *Não esqueça de desligá-lo* ao colocar a massa para crescer. Quando dobrar de volume, abaixe a massa. Forme os pães e ponha-os em formas untadas. Deixe crescer até quase dobrarem de volume. Coloque em forno pré-aquecido moderado e deixe assar bem. Se gostar de pães brilhantes, pincele-os com a clara batida antes de colocá-los no forno.

PÃO DE CENTEIO BRONZEADO

INGREDIENTES:

2 xícaras de água morna para dissolver o fermento
½ xícara de açúcar mascavo
¾ xícara de água fervendo
2 colheres de sopa de manteiga
5 tabletes de fermento para pão
¼ xícara de cacau
2 colheres de chá de sal
1 colher de chá de kümmel (alcarávia ou cariz)
3 ½ xícaras, aproximadamente, de farinha de trigo normal
2 xícaras de farinha de centeio
2 colheres de sopa de fubá amarelo – opcional

PREPARAÇÃO:

Numa tigela grande, dissolva o fermento na água morna – 2 xícaras.

Derreta o açúcar em uma frigideira, mexendo constantemente. À parte e quando todo o açúcar estiver derretido, com cuidado para que não queime, junte a água fervendo, aos poucos. Deixe de lado até amornar e acrescente o kümmel, o sal, a manteiga e 1 xícara de farinha normal. Coloque tudo, morno, sobre o fermento dissolvido – e mexa bem. Acrescente o cacau e o centeio, aos poucos, batendo sempre depois de cada adição. Se quiser pôr o fubá, o que deixa a massa ligeiramente mais seca, é o momento. Coloque mais 1 xícara de farinha normal, mexa bem para que a massa fique bem firme. Vire-a sobre a mesa enfarinhada e deixe-a descansar, coberta – pode usar a própria tigela invertida – por uns 10 minutos. Aí, sove-a bem, acrescentando aos poucos toda a farinha que for necessária. Amasse-a entre 10 a 20 minutos até que a massa se torne elástica. Coloque depois em tigela untada, cubra-a e deixe crescer até dobrar de volume, em lugar quente. Abaixe a massa, ligeiramente, sobre a mesa enfarinhada, divida em 2 partes, faça 2 pães, coloque-os em formas ou assadeiras untadas e, se gostar, polvilhadas com fubá. (Eu uso, de preferência, formas – 2 – grandes de pão de forma e só unto com óleo, sem farinha e sem fubá).

Cubra e deixe crescer até dobrar de volume. Coloque em forno aquecido previamente, moderado – 175°C, por uns 30 a 55 minutos, se seu forno funcionar com o termostato. Caso contrário, em 20 minutos já estará bom – se, ao bater soar oco e tiver bela cor. Se gostar, pincele-o com água açucarada quando sair do forno e recoloque-o lá para secar, em forno desligado.

NOTA: Esse pão é bem escuro e tem bom aroma.

É gostoso e leve, mas é preciso bater bem o fermento para que ele não dê gosto forte e nem cheiro excessivo ao pão. Se gostar da superfície brilhante, pincele-o com ovo batido antes de ir ao forno, com cuidado para não abaixá-lo. Se preferir adocicado, pode pincelar melado com água ao sair do forno. É ótimo para sanduíches.

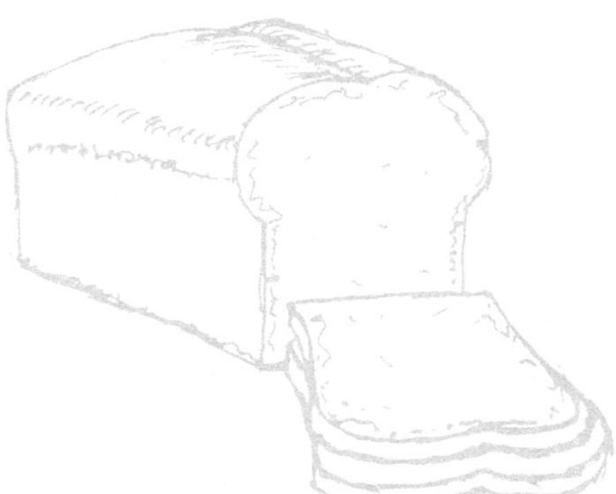

PÃES DE FUBÁ

106 | PÃO DE FUBÁ CABOCLO
107 | PÃO DE FUBÁ SOLITÁRIO

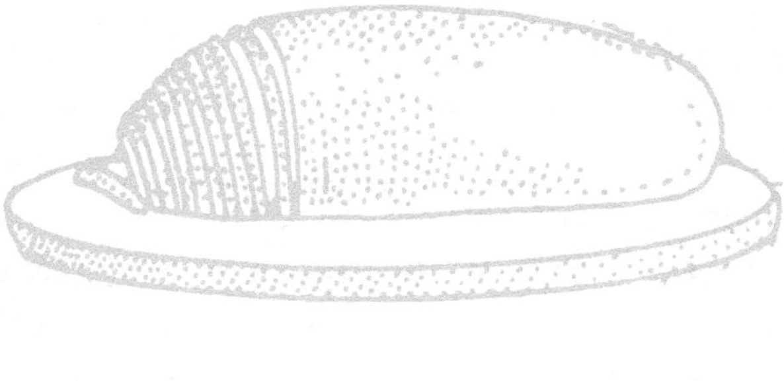

PÃO DE FUBÁ CABOCLO

INGREDIENTES:

1 colher de sopa de fermento seco para pão biológico granulado ou 1 tablete
¼ xícara de água morna para dissolver o fermento
¼ xícara de melado
1 colher de chá de sal
3 colheres de sopa de óleo
¾ xícara de água fervente
1 ovo ligeiramente batido
2 ½ xícaras, aproximadamente, de farinha de trigo integral
½ xícara de fubá

Para polvilhar o pão:
¼ colher de chá de sal
1 colher de sopa de fubá

PREPARAÇÃO:

Dissolva o fermento em ¼ xícara de água morna, tape-o e deixe-o de lado.

Ferva a água. Em tigela grande coloque o fubá (½ xícara), o óleo, o melado, o sal e derrame sobre tudo isso a água fervendo. Deixe amornar. Misture bem.

Junte o ovo batido, o fermento dissolvido e 1 ½ xícaras de farinha de trigo à mistura anterior. Bata bastante. Agora vá juntando o resto da farinha até formar massa macia para ser amassada. Sove-a até ficar suave. Coloque-a em forma de pão untada (dá um pão). Cubra-a e deixe crescer em lugar quente até dobrar de volume, cerca de 3 horas.

Acenda antes o forno moderado – 175°C e deixe-o aquecer por alguns minutos. Misture o sal (¼ colher, de chá) e o fubá (1 colher, de sopa) e polvilhe o pão.

Asse-o durante uns 35 minutos ou até que esteja assado e bem corado, *dependendo de seu forno* – em mais ou menos tempo.

PÃO DE FUBÁ SOLITÁRIO

INGREDIENTES:

2 colheres de sopa de fermento biológico granulado para pão ou 2 tabletes
1 xícara de leite morno
2 ovos ligeiramente batidos
1 colher de sopa de óleo
2 colheres de sopa de mel
¼ colher de chá de sal
*2 colheres de sopa rasas, de levedo de cerveja**
1 xícara de farinha de trigo integral
1 xícara de fubá

PREPARAÇÃO:

Dissolva o fermento no leite morno em tigela pequena. Em tigela grande coloque os outros ingredientes exceto o fubá e coloque só ½ xícara de farinha. Derrame o fermento dissolvido sobre tudo isso, mexa bem, junte o fubá, continue a bater e acrescente o resto da farinha.

Unte a forma que desejar: quadrada ou redonda tendo a noção de que é pouca massa. Coloque-a na forma, cubra e deixe crescer em lugar quente até dobrar de volume, cerca de 30 minutos. Antes de findar esse tempo acenda o forno – brando – 160°C para aquecê-lo durante alguns minutos e então coloque o pão no forno. Assará dentro de 30 minutos ou – *dependendo de seu forno* – em mais ou menos tempo.

---

* Há quem aprecie o gosto do levedo de cerveja e há os que não gostam. Podem eliminá-lo de vez ou diminuir a quantidade para apenas 1 colher de chá. *É opcional.*

PÃES DE GERME DE TRIGO

110 | PÃO DE GERME DE TRIGO DELICIOSO
112 | PÃO DE GERME DE TRIGO VOLÚVEL
114 | PÃO DE GERME DE TRIGO BRASILEIRO

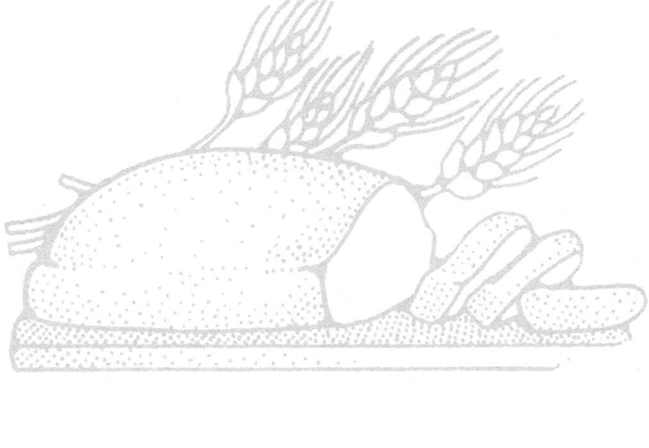

PÃO DE GERME DE TRIGO DELICIOSO

INGREDIENTES:

2 colheres de sopa de fermento biológico granulado para pão ou 2 tabletes
½ xícara de água morna – para dissolver o fermento
2 colheres de sopa de açúcar mascavo
2 colheres de sopa de mel
2 ovos ligeiramente batidos
1 xícara de leite
⅓ xícara de manteiga
¼ xícara de germe de trigo
2 xícaras de farelo de trigo – também conhecido por fibra de trigo
4 ½ a 5 ½ xícaras de farinha de trigo normal, branca
2 colheres de chá de sal

NOTAS:

1 – Pode-se colocar apenas mel na receita e não açúcar mascavo (neste caso a proporção seria de 3 colheres, de sopa).
2 – Pode-se colocar só açúcar e não mel, assim, ¼ xícara de açúcar mascavo.
3 – A quantidade de farinha dependerá do tamanho dos ovos e dos líquidos, se vai mel ou não, etc.

PREPARAÇÃO:

Dissolva o fermento em ½ xícara de água morna. Em uma tigela grande coloque o açúcar, o sal e 1 xícara e farinha.

Despeje aí o fermento. Mexa bem, coloque o farelo. Aqueça o leite e o mel até ficarem mornos, junte a manteiga e despeje tudo na mistura de fermento. Use a batedeira na velocidade média e bata por 2 minutos. Junte os ovos batidos e o germe de trigo, vá batendo sempre e coloque mais farinha. Bata em alta velocidade por 2 minutos e agora acrescente a farinha necessária para ter a massa macia. Vire-a sobre a mesa enfarinhada e amasse-a por uns 10 a 12 minutos até que a massa fique elástica e sedosa.

Coloque a massa em tigela untada, vire a parte de baixo, untada, para cima. Cubra e deixe crescer em lugar quente até dobrar de volume, cerca de 45 minutos.

Abaixe a massa, vire-a sobre a mesa. Divida-a em duas partes.

Faça um pão de forma de cada parte, e ponha em formas de pão, untadas. Cubra, feche-os bem e deixe crescer por 1 hora. Antes, aqueça o forno moderado – 175°C por alguns minutos. Coloque os pães no forno pré-aquecido, na parte de baixo. Se seu forno for forte ponha-os no meio do forno e não na parte mais baixa. Cuide para que não queimem. Antes de retirá-los do forno, bata na parte de baixo dos pães com os nós dos dedos. Devem soar ocos se estiverem assados.

PÃO DE GERME DE TRIGO VOLÚVEL

1) INGREDIENTES:

Para o fermento:

1 colher de sopa de fermento biológico granulado para pão ou 1 tablete
$\frac{1}{4}$ xícara de mel
3 xícaras de leite ou 1 $\frac{1}{2}$ de água e 1 $\frac{1}{2}$ de leite
4 xícaras de farinha de trigo integral

PREPARAÇÃO DO FERMENTO:

Aqueça o leite. Em tigela grande ponha o fermento, despeje o leite morno sobre ele e bata bem até dissolvê-lo. Junte o mel e a farinha, xícara por xícara. Continue a bater – se tiver batedor de arame é excelente – até dar 100 batidas no mínimo. A colher de pau faz quase o mesmo efeito. *Está pronto o fermento básico para misturas de pães.* Agora crescerá, coberto com plástico e colocado em lugar morno, durante 1 hora e poderá ser usado com qualquer combinação de cereais para pão – com aveia, centeio, cheiro verde ou com ervas de condimentos que desejar: manjerona, orégano, tomilho, etc.

2) INGREDIENTES

Para o pão:

$\frac{1}{4}$ xícara de manteiga
1 colher de sopa de sal
4 a 5 xícaras de farinha de trigo integral
$\frac{1}{2}$ xícara de farelo de trigo, torrado em forno fraco durante 10 minutos
$\frac{1}{4}$ xícara de germe de trigo

PREPARAÇÃO DO PÃO A SER ACRESCENTADO AO FERMENTO:

Junte os ingredientes da receita usando sempre a colher de pau para bem misturá-los ao fermento. Com as mãos enfarinhadas sove a massa sobre mesa também enfarinhada durante 10 minutos. Se necessitar farinha use um pouco mais. Quando a massa estiver sedosa e macia ponha em tigela untada, vire a parte untada para cima. Cubra a tigela e deixe crescer em lugar quente até dobrar de volume, cerca de 1 ½ hora. Aí, abaixe-a com firmeza dando diversos golpes para amassá-la. Recoloque-a na tigela untada, cubra-a e deixe-a crescer novamente em lugar quente – até dobrar outra vez de volume.

Então abaixe-a com a mão fechada, vire-a sobre a mesa levemente enfarinhada, divida-a no número de partes que formarão seus pães – 3 ou 4 (ou mais). Trabalhe bem cada parte, forme os pães, feche-os bem, coloque-os em formas de pão untadas. Deixe-os crescer em lugar quente *sempre livres de correntes de ar* (isto vale para a preparação desses e de outros pães).

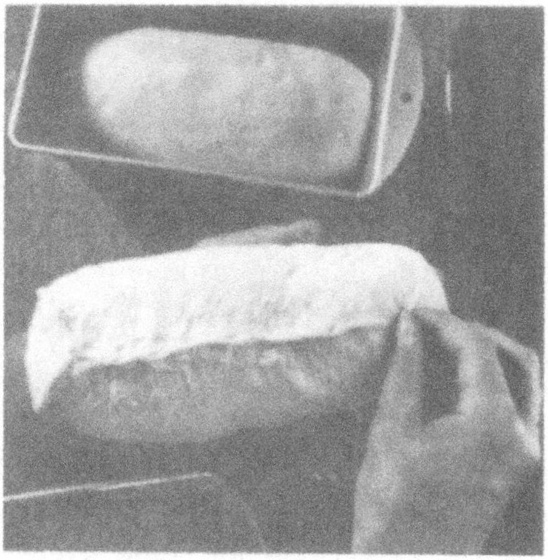

Deixe-os crescer nas formas cerca de 30 minutos e coloque em forno pré-aquecido a 160°C, isto é, menos que moderado e pouco mais que o mínimo.

Se quiser crosta macia, pincele-os com manteiga derretida; se preferir crosta seca, pincele-os com água antes e depois de assar.

PÃO DE GERME DE TRIGO BRASILEIRO (*não sovado*)

INGREDIENTES:

2 colheres de sopa de fermento biológico granulado para pão
3 xícaras de água morna
1/4 xícara de melado
1/4 xícara de açúcar mascavo (pode ser omitido)
1/4 xícara de óleo
2 colheres de chá de sal
3/4 xícara de leite em pó (sem água)
2 colheres de sopa de levedo de cerveja
5 colheres de sopa de germe de trigo
1/4 xícara de farinha de soja
6 xícaras de farinha de trigo integral

PREPARAÇÃO:

Misture o fermento com a água morna, junte o melado e o açúcar e deixe repousar por 10 minutos.

Peneire toda a farinha de trigo e deixe à parte. Acrescente 2 xícaras, uma a uma, no fermento dissolvido e mexa bem. Junte o leite em pó, o óleo, a farinha de soja, o germe de trigo, o levedo de cerveja e o sal. Misture tudo muito bem. Bata com a colher de pau vigorosamente e vá acrescentando só a farinha que dê ainda para bater. Isso levará uns 10 minutos – até que a massa esteja elástica e macia. Depois trabalhe com a colher de pau e as mãos para misturar o resto da farinha.

Unte 2 ou 3 formas de pão, conforme o tamanho, divida a massa igualmente entre as formas. Deixe crescer em lugar quente – o forno aquecido e desligado é o melhor lugar – até quase dobrar de volume (uns 30 a 35 minutos). e retire-os com cuidado. Acenda o forno em temperatura moderada – 175°C e espere alguns minutos até ele esquentar. Ponha os pães a assar. Verifique cor e o som dos pães antes de os retirar do forno. Crescem muito. O som oco indica que estão assados.

PUMPERNICKEL*

116 | PUMPERNICKEL FESTIVO

118 | PUMPERNICKEL MONTANHA ESCURA

120 | PUMPERNICKEL FOLHAS DE OUTONO

122 | PUMPERNICKEL MODERNO

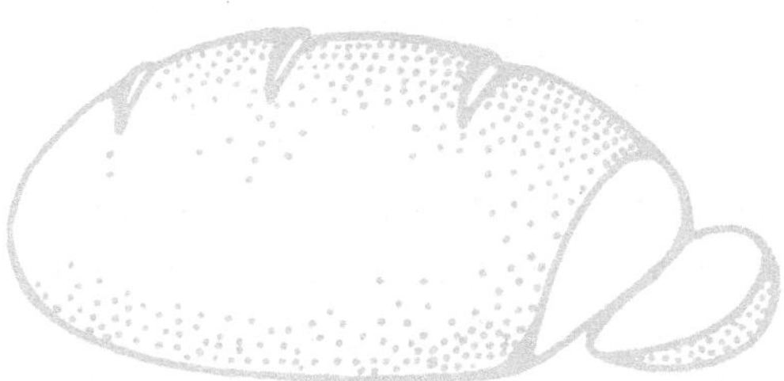

* *Pão escuro de centeio integral, original da Westfalia – Alemanha.*

PUMPERNICKEL FESTIVO

INGREDIENTES:

2 colheres de sopa de fermento biológico granulado para pão ou 2 tabletes
1/4 xícara de água morna – para dissolver o fermento
2 colheres de chá de mel – para dissolver com o fermento
2 1/4 xícaras de água fria
1/2 xícara de melado
2 colheres de chá de sal
2 colheres de sopa de óleo
3 a 3 1/2 xícaras de farinha de trigo integral
3/4 xícara de fubá
3 xícaras de farinha de centeio
1 xícara de passas
opcional: manteiga para passar nos pães ao saírem do forno

PREPARAÇÃO:

Dissolva o fubá na água fria, em uma panela. Leve-a ao fogo; mexa constantemente, em fogo médio, até ficar espesso e começar a ferver.

Retire do fogo e acrescente o sal, o melado e o óleo. Deixe amornar. Dissolva o fermento na água morna e mel. Tape-o e deixe-o repousar cerca de 10 minutos.

Junte o fermento dissolvido à mistura morna de farinha colocando ao mesmo tempo, no meio da tigela, farinha de trigo integral; comece com uma xícara, o fermento e mexa tudo muito bem. Junte outra xícara de farinha. Misture e acrescente a farinha de centeio até formar massa suave.

Vire a massa sobre a mesa enfarinhada e comece a amassá-la juntando o resto da farinha de trigo até que a massa se solte das mãos. Amasse-a durante 10 minutos, ela deverá ficar sedosa e macia. Coloque então as passas, amasse mais um pouco para espalhá-las bem na massa. Unte uma tigela com óleo, ponha aí a massa e vire a parte untada para cima. Cubra e deixe crescer em lugar quente até dobrar de volume – cerca de 1 a 1 ½ hora. Abaixe a massa e divida-a na metade. Faça 2 pães redondos bem fechados e coloque-os em assadeira untada e polvilhada com fubá.

Cubra-os e deixe crescer em lugar quente – até dobrarem de volume – mais ou menos 45 minutos. Aos 35 minutos do crescimento dos pães acenda o forno moderado – 175°C e depois de alguns minutos pode colocar os pães para assar.

Vigie seu forno – de 35 a 45 minutos deverão estar bons, mas... cada forno é diferente!

Se gostar de crosta mais macia passe manteiga sobre os pães ao retirá-los do forno.

PUMPERNICKEL MONTANHA ESCURA

INGREDIENTES:

2 colheres de sopa de fermento biológico granulado para pão ou 2 tabletes
½ xícara de água morna – para dissolver o fermento
½ colher de chá de mel
1 ½ xícaras de água quente – para a massa
1 ½ colheres de sopa de sal
1 colher de sopa de mel
3 colheres de sopa de melado (ou 4 de melado e nada de mel)
2 xícaras de farinha de trigo integral
4 xícaras de farinha de centeio

PREPARAÇÃO:

Dissolva o fermento em água morna com a ½ colher de chá de mel. Cubra e deixe-o crescer até dobrar de volume.

Em tigela grande coloque a água quente, o melado e o mel ou só o melado, e o sal. Deixe amornar e junte o fermento crescido. Acresente uma xícara de farinha de trigo, adicione a farinha de centeio; um pouco mais só de farinha de trigo para obter a massa rija. Misture com as mãos ou com colher de pau e deixe ficar por uns 15 minutos. Vire-a então sobre mesa ligeiramente enfarinhada e amasse-a por uns 10 ou 20 minutos.

Coloque a massa em tigela untada, vire-a para que a parte untada da massa fique para cima. Cubra com toalha e deixe crescer em lugar quente por 1 ½ a 2 horas – até dobrar de volume.

Vire-a sobre a mesa enfarinhada e amasse-a de novo por 10 minutos. Volta à tigela untada, coberta, em lugar quente para crescer durante 45 minutos – quase o dobro do volume.

Coloque-a sobre a mesa enfarinhada e amasse-a por 3 minutos. Divida a massa em 2 ou 3 porções e faça os pães. Coloque-os em formas (redondas) ou assadeiras untadas. Cubra-os e deixe-os crescer em lugar quente cerca de 30 minutos. Depois de 15 minutos de crescimento dos pães, já se deve acender o forno moderado – 175°C para aquecê-lo por 15 minutos e aí então colocar os pães para assar. Levam mais ou menos 1 ¼ de hora para ficarem bem assados – com termostato que funciona. *Vigie o forno: Não tire o pão do forno sem estar assado – deve ter som oco – mas não o deixe queimar!*

PUMPERNICKEL FOLHAS DE OUTONO

INGREDIENTES:

2 colheres de sopa de fermento biológico granulado para pão ou 2 tabletes
1/4 xícara de água morna – para dissolver o fermento
1 1/2 xícaras de água fria
1 1/2 xícaras de água fervente
2 colheres de sopa de melado
2 colheres de sopa de óleo
1 1/2 colheres de chá de sal
4 a 4 1/2 xícaras de farinha de trigo integral
3/4 xícara de fubá
3 1/4 xícaras de farinha de centeio
1 xícara de germe de trigo
2 xícaras de batatas cozidas e amassadas
opcional: 1 clara de ovo ligeiramente batida – para pincelar os pães
sementes de gergelim – para polvilhar os pães

PREPARAÇÃO:

Dissolva o fermento em água morna. Tape e deixe de lado. Dissolva o fubá com a água fria em uma panela, coloque a água fervente, leve-a ao fogo; mexa sempre até o fubá engrossar e começar a ferver. Junte o sal, o melado e o óleo, misture bem e deixe amornar. Quando essa mistura estiver morna, coloque uma xícara de farinha de trigo no meio (faça uma cova), o fermento e misture; adicione a batata amassada e o germe de trigo. Deixe ficar por 5 minutos.

Junte a farinha de centeio mexendo sempre. Acrescente farinha integral até obter massa de suave consistência. Vire-a sobre a mesa enfarinhada até que ela se torne macia e sedosa. Coloque-a em tigela untada, vire a parte untada para cima. Cubra e deixe crescer, em lugar quente, até dobrar de volume – cerca de 1 ½ a 2 horas.

Divida depois a massa em 2 ou 3 partes iguais. Faça os pães e coloque-os em formas de pão ou assadeiras bem untadas. Cubra-os e deixe-os crescer até dobrarem de volume, cerca de 1 hora.

Aos 45 minutos de crescimento dos pães acenda o forno moderado – 175°C e depois de alguns minutos ponha os pães a assar. Estarão assados quando soarem oco ao se bater com os nós dos dedos na parte inferior. Conforme o forno, levará até 1 ½ hora para assar. E preciso, no entanto, que ele fique bem assado. Se for necessário, reduza a temperatura desde o início para 160°C. *Conheça o seu forno e domine-o!*

PUMPERNICKEL MODERNO

INGREDIENTES:

2 colheres de sopa de fermento biológico granulado para pão ou 2 tabletes
1 1/4 xícaras de água morna
2/3 xícara de leite em pó, sem água
1/2 xícara de melado
3 colheres de sopa de mel
2 colheres de chá de sal
3 xícaras de farinha de trigo branca, comum
*3 xícaras de farinha de triticale**
1 xícara de germe de trigo

PREPARAÇÃO:

Dissolva o fermento em 1/2 xícara de água morna. Deixe descansar coberto durante 10 minutos.

Em tigela grande coloque: o mel, o melado, o sal e o leite em pó sem água. Junte o fermento dissolvido e o resto da água morna. Misture bem. Adicione 2 xícaras de farinha branca de trigo, mexendo após cada adição; junte o germe de trigo, misture-o.

Agora vem – ou a farinha de triticale – ou a mistura de centeio e trigo integral – essas duas farinhas juntas. Ponha 1 xícara de cada vez e no fim coloque quase 1 xícara de farinha de trigo branca. A massa deve ficar rija.

* Cereal panificável obtido do cruzamento de trigo com centeio. Se não encontrar essa farinha, misture de 1 1/2 xícaras de farinha de centeio com 1 1/2 xícaras de farinha de trigo integral.

Vire-a sobre a mesa enfarinhada e amasse-a por 10 a 12 minutos juntando mais farinha branca se a massa ainda estiver pegajosa. Coloque em tigela untada, vire a parte untada para cima, cubra e deixe crescer em lugar quente cerca de 1 ½ a 2 horas – até dobrar de volume.Vire a massa sobre mesa enfarinhada, abaixe-a e amasse-a por 2 minutos. Modele os pães – 2 ou 3 – redondos ou ovais e coloque-os em assadeiras untadas. Cubra-os e deixe crescer em lugar quente até dobrar de volume – cerca de 45 minutos.

Acenda o forno alguns minutos antes – moderado – brando – de 160 a 170°C. Ponha os pães a assar. Quando assados ficarão corados e soarão oco quando se bater na parte inferior dos mesmos com os nós dos dedos.

PÃES DE SOJA

126 | PÃO DE SOJA MONJOLO

128 | PÃO DE SOJA GENUÍNO

129 | PÃO DE SOJA BOA-VIZINHANÇA

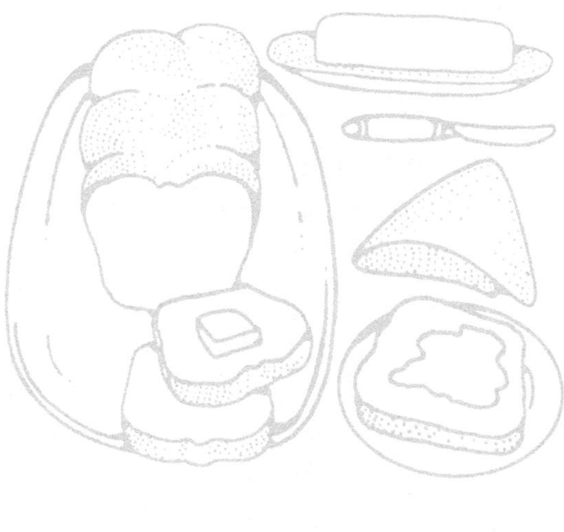

PÃO DE SOJA MONJOLO

INGREDIENTES:

2 colheres de sopa de fermento biológico granulado para pão ou 2 tabletes
1 colher de sopa de mel
½ xícara de água morna – para dissolver o fermento e o mel
2 ½ xícaras de água morna (essa vai na massa)
¼ xícara de óleo
1 ovo ligeiramente batido
¼ xícara de mel ou melado (para a massa)
2 colheres de chá de sal
½ xícara de leite em pó (sem água)
¼ xícara (rasa) de levedo de cerveja ou só 3 colheres de sopa
8 a 9 xícaras de farinha de trigo integral
½ xícara de farinha de soja
5 colheres de sopa de germe de trigo
1 xícara de nozes, pecans – opcional

PREPARAÇÃO:

Dissolva o fermento na ½ xícara de água morna com 1 colher, de sopa, de mel, em tigela grande da batedeira. Deixe repousar durante 10 minutos. Mexa depois e junte o óleo, o ovo, o mel (¼ xícara), o sal e o resto da água quente. Ponha 4 xícaras de farinha, uma por vez, batendo sempre. Bata em velocidade moderada cerca de 10 minutos (interrompa de vez em quando por causa do motor) até que a mistura fique bem elástica.

Junte o leite em pó (só o pó, sem água!) o levedo de cerveja, a farinha de soja e o germe de trigo. Misture muito bem. Junte, aos poucos, o resto ou o tanto de farinha que faça a massa ficar firme e boa para amassar. Coloque-a sobre mesa enfarinhada e amasse-a por uns 8 minutos até que ela se torne macia e elástica.

Coloque a massa em tigela grande untada e vire a parte untada da massa para cima. Cubra com toalha úmida (ou coloque a tigela em grande saco de plástico e feche-o). Deixe crescer em lugar quente até dobrar de volume – cerca

de 1 hora. Depois que cresceu, se quiser colocar nozes ou pecans é agora o momento. Abaixe a massa e modele os pães – 4 médios ou 3 maiores. Ponha-os em assadeiras untadas. Cubra-os e deixe crescer até quase dobrarem de volume – cerca de 30 minutos.

É conveniente deixá-los no forno apagado e 30 minutos depois verificar se eles já estão dobrando de volume. Então acender o forno a 200°C (um pouco mais que moderado) por alguns minutos, baixar, depois para 170°C ou seja, moderado, e deixar os pães terminarem de assar. Quando bater com os nós dos dedos na parte de baixo dos pães e eles soarem oco – significa que estão bem assados.

PÃO DE SOJA GENUÍNO

INGREDIENTES:

3 xícaras de leite de soja fervido rapidamente
2 colheres de fermento biológico granulado para pão ou 2 tabletes
¼ xícara de óleo
1 colher de sopa de sal
2 colheres de sopa de mel ou melado
2 xícaras de farinha de soja
7 xícaras de farinha normal, branca, comum
óleo para pincelar os pães, ou ovo, ou só clara batida com ½ colher de chá de água, ou só a gema do ovo com água

PREPARAÇÃO:

Ferva rapidamente o leite de soja, deixe-o amornar. Coloque o fermento e o mel (ou melado) e deixe repousar por 10 minutos. Acrescente o sal e o óleo a esses líquidos e dissolva tudo bem; coloque até 4 xícaras de farinha de trigo, uma a uma, batendo muito bem depois de cada adição. Junte a soja, gradualmente, bata e acrescente o resto da farinha, amassando já com as mãos na tigela.

Vire-a sobre superfície enfarinhada e amasse-a por uns 10 a 15 minutos até que a massa fique macia e elástica.

Coloque em vasilha untada, cubra-a e deixe crescer até dobrar de volume. Abaixe a massa, divida-a e faça os pães. Coloque em formas untadas; pincele-os com óleo, cubra-os e deixe-os crescer em lugar quente.

Forno moderado – 175°C, preaquecido, até que fiquem dourados.

PÃO DE SOJA BOA VIZINHANÇA

INGREDIENTES:

1 colher de sopa de fermento biológico granulado para pão ou 1 tablete
¼ xícara de água morna
¼ xícara de manteiga
½ xícara de leite bem quente
4 colheres de sopa de mel – 2 para a massa e 2 opcionais para o recheio
½ colher de chá de sal
1 ovo ligeiramente batido
1 colher de chá de casca ralada de limão
2 ½ xícaras de farinha de trigo integral
5 colheres de chá de farinha de soja

Para o recheio:

2 colheres de sopa de manteiga derretida
1 xícara de maçãs cortadas com casca
½ xícara de amêndoas torradas – ou nozes ou pecans cruas, ou castanhas-do-pará
½ xícara de passas
1 ½ colheres de chá de canela

PREPARAÇÃO:

Dissolva o fermento em ¼ xícara de água morna e deixe repousar.

Em tigela grande misture o leite bem quente com a manteiga, 2 colheres, de sopa, de mel e o sal. Deixe amornar. Junte o ovo, a casca ralada do limão e 1 xícara de farinha de trigo. Misture muito bem. Despeje no meio da tigela o fermento dissolvido e vá mexendo bem até misturar tudo. Junte a farinha de soja. Acrescente, os poucos, a farinha restante para fazer massa bem macia.

Vire-a sobre a mesa enfarinhada e comece a amassá-la até que se torne elástica e suave. Isso levará uns 10 minutos. Coloque-a então em tigela untada, vire a parte untada para cima, cubra-a e deixe crescer em lugar quente até dobrar de volume – cerca de 1 ½ hora. Abaixe-a então com a mão fechada, cubra-a e deixe crescer por mais 10 minutos. Depois, em mesa enfarinhada vire-a, estenda-a com o rolo em retângulo. Use a manteiga derretida para pincelar a massa. Misture as maçãs cortadas, nozes ou amêndoas, passas, mel e a canela; misture bem tudo isso; espalhe sobre o retângulo de massa. Enrole-o bem e feche-o. Faça como rosca, ponha a parte da emenda para baixo e coloque na assadeira untada. Use a tesoura para dar cortes na superfície em intervalos regulares. Abra e torça levemente esses cortes na massa. Deixe crescer coberta em lugar quente, até que dobre de volume, cerca de 50 minutos.

Asse em forno moderado, pré-aquecido – ao completar 40 minutos de crescimento acenda o forno. Asse por uns 20 minutos. Pode cobrir com glacê se assim o desejar.

OPÇÃO: Há quem prefira um pão de frutas, de forma. É bonito e fácil.

Coloque as frutas, enrole-o como rocambole, feche-o bem na emenda e nos lados e ponha em forma untada. Deixe crescer antes de pôr no forno.

PÃES DE AVEIA

132 | PÃO DE AVEIA SIMPATIA
134 | PÃO DE AVEIA CAPRICHOSO
136 | PÃO DE AVEIA FESTA JUNINA
137 | PÃO DE AVEIA DIA DE CHUVA
139 | PÃO DE AVEIA BOM DIA
140 | PÃO DE AVEIA ESCAMAS

PÃO DE AVEIA SIMPATIA

INGREDIENTES:

2 colheres de sopa de fermento biológico granulado para pão ou 2 tabletes
3 xícaras de água morna
1/3 xícara de mel
1/3 xícara de manteiga
2 colheres de chá de sal (ou 3 se preferir mais salgado)
3 1/2 a 4 xícaras de farinha branca de trigo – comum
2 xícaras de aveia em flocos
3 xícaras de farinha de trigo integral

PREPARAÇÃO:

Coloque o fermento para dissolver em 1/2 xícara de água morna.

Misture-o bem e acrescente o resto da água morna, o mel, o sal e a manteiga em pedaços. Mexa tudo muito bem.

Junte a farinha branca, 2 xícaras, misture bem. Acrescente a aveia toda e bata bastante. Depois coloque a farinha integral, uma xícara de cada vez, e bata a massa a cada adição.

Aos poucos vá juntando a farinha branca, o necessário para obter massa rija (não de mais) para bater com a colher de pau.

Vire a massa em mesa enfarinhada, amasse-a até ficar macia e elástica e junte mais farinha para facilitar seu trabalho de amassar. Depois de uns 12 minutos ela deverá estar boa.

Coloque na tigela untada de manteiga (ou óleo) e deixe crescer em lugar quente até dobrar de volume. Amasse-a outra vez sobre a mesa enfarinhada, faça os pães e coloque-os em formas untadas. Feche bem os pães nas extremidades e na emenda.

Deixe-os em lugar quente para crescer. Coloque em forno pré-aquecido – moderado – para assar depois que dobrar de volume.

NOTA: Este pão só deve ser cortado depois de frio.

TEMPO: Dependendo do lugar onde a massa foi posta para crescer, o tempo varia de 1 a 2 horas. Nas formas ele crescerá *mais ou menos* na metade do tempo que levou a massa – 30, 45 minutos ou pouco mais. *Cuide do forno – não deixe queimar seu pão!*

PÃO DE AVEIA CAPRICHOS

INGREDIENTES:

½ xícara de suco de cenoura ou de laranja ou de maçã, aquecido mas sem ferver!
1 colher de sopa de fermento biológico granulado para pão ou 1 tablete
¼ xícara de mel
¼ xícara de óleo
2 ovos batidos
2 xícaras de farinha branca de trigo, comum
1 xícara de aveia em flocos
4 xícaras de farinha de trigo integral
½ ou 1 colher de chá de sal
1 xícara de passas escuras (sem sementes)
leite para pincelar os pães ao saírem do forno

PREPARAÇÃO:

Aqueça bem e deixe amornar o suco que escolheu para esse pão.

Despeje sobre o fermento que deverá estar em tigela pequena. Misture bem. Em tigela grande coloque o mel e o óleo, junte aí o fermento bem dissolvido e 1 xícara de farinha de trigo, branca. Misture tudo. Ponha os ovos batidos, bata tudo bem e deixe descansar por 10 minutos.

Acrescente, aos poucos e misturando tudo com a colher de pau: a aveia em flocos e a farinha de trigo integral e bata vigorosamente.

Termine com a farinha de trigo, branca. Ponha o sal e as passas e agora amasse na mesa enfarinhada por uns 10 ou 12 minutos até obter massa elástica e macia. Unte a tigela limpa, ponha aí a massa, vire a parte untada para cima, cubra-a e deixe a massa crescer até dobrar de volume, cerca de 1 a 1 ½ hora.

Abaixe-a e deixe-a crescer por mais 30 minutos.

Divida então a massa em pedaços conforme os pães que desejar fazer – 2 a 4 médios ou até 12 pequenos, redondos. O importante é trabalhar cada pedaço, formar o pão ou pãozinho – e fechá-lo bem! Unte assadeiras ou formas para os pães. Deixe-os crescer até dobrar de volume, em lugar quente. Antes de os colocar forno, por alguns minutos, acenda o forno em quase moderado – 150°C. Para crosta boa ponha uma latinha de goiabada com água no fundo do forno.

Asse os pães até corarem e soarem oco quando neles se bater com os nós dos dedos. Ao retirá-los do forno, pincele-os com leite. Pode colocar um pano umido sobre eles enquanto esfriam.

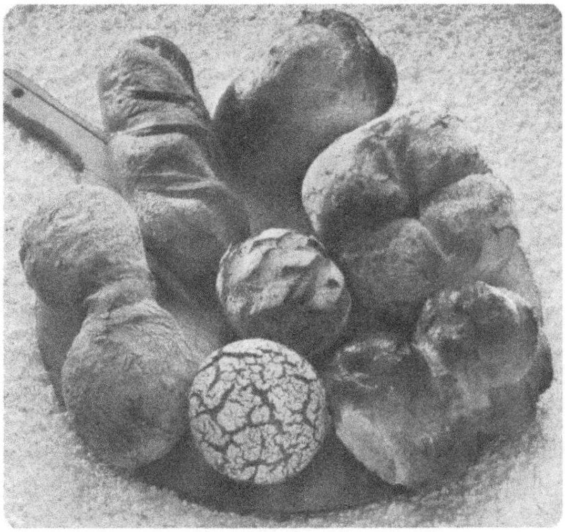

PÃO DE AVEIA FESTA JUNINA

INGREDIENTES:

1 colher de sopa de fermento biológico granulado para pão ou 1 tablete
1 xícara de leite
¼ xícara de melado
2 colheres de sopa de óleo
1 colher de chá de sal
1 colher de sopa de açúcar mascavo
2 ½ a 3 xícaras de farinha de trigo comum, branca
½ xícara de aveia em flocos
½ xícara de farinha de trigo integral
gengibre moído – 1 colher de chá – se gostar!

PREPARAÇÃO:

Em tigela grande misture 1 xícara de farinha branca, toda a farinha integral, o fermento, o sal, o açúcar mascavo e o gengibre se for usar.

Aqueça o leite, o melado e o óleo até morno forte (40°C). Despeje sobre os ingredientes secos, mexa e coloque a aveia, misture-a bem. Use a batedeira elétrica e bata a massa por 2 minutos – velocidade média. Acrescente pouco a pouco a farinha que resta para obter massa firme que possa ser amassada. Vire-a sobre superfície enfarinhada e amasse-a até que se torne lisa e elástica. Ponha em tigela untada, vire a parte untada para cima. Deixe crescer em lugar quente até dobrar de volume, coberta, de 1 a 2 horas (dependendo do lugar). Abaixe a massa e deixe-a descansar coberta por 15 minutos, dentro da mesma tigela. Modele depois os pães – ou o pão – e ponha em forma de pão untada. Deixe crescer até quase dobrar de volume; o tempo de crescimento do pão na forma é de 30 minutos aproximadamente. Acenda o forno moderado – mais para brando – 170°C por alguns minutos e então coloque os pães para assar.

PÃO DE AVEIA DIA DE CHUVA

INGREDIENTES:

1 colher de sopa de fermento biológico granulado para pão ou 1 tablete
½ xícara de água morna
½ xícara de melado
2 colheres de chá de sal
5 xícaras de farinha de trigo integral
1 xícara de aveia em flocos
2 xícaras de água fervente
1 colher de sopa de manteiga

PREPARAÇÃO:

Em tigela grande coloque a aveia e despeje água fervendo sobre ela. Junte o melado, o sal e a manteiga, misture tudo muito bem e deixe descansar por 1 hora.

Dissolva o fermento em ½ xícara de água morna. Coloque ½ xícara de farinha aos poucos e mexa bem. Deixe crescer (cerca de 10 a 15 minutos). Adicione a aveia, o melado, o sal, a manteiga e a água. Junte então o fermento a essa mistura, no meio da tigela; vá juntando aos poucos mais farinha e mexendo do centro para os lados. Use colher de pau. Cubra a tigela, deixe a massa crescer em lugar quente até dobrar de volume – cerca de 1 hora ou menos.

Vire a massa sobre a mesa enfarinhada, amasse-a por uns 2 minutos. Divida em partes, 2 ou 3, conforme o tamanho que desejar para os pães. Faça-os e feche-os bem; coloque-os em formas untadas e deixe crescer até dobrar de volume – cerca de 45 minutos.

Aos 30 ou 35 minutos de crescimento acenda o forno moderado brando – de 160°C a 170°C. Asse-os e, antes de retirá-los do forno, bata com os nós dos dedos na parte inferior dos pães. Se soarem oco estão assados. Conforme o forno, levará de 45 a 60 minutos; em outros menos tempo e... dependendo também da altura deles, de 22 a 25 minutos.

ATENÇÃO: Ao pegar nas formas com o pão, para que cresça no forno antes de assar, faça-o com cuidado. Ele não crescerá se isso acontecer. Aí será necessário reamassá-lo, modelá-lo e pôr de novo na forma esperando de 15 a 20 minutos para que cresça antes de colocá-lo no forno.

PÃO DE AVEIA BOM DIA

INGREDIENTES:

2 colheres de sopa de fermento biológico granulado para pão ou 2 tabletes
½ xícara de água morna para dissolver o fermento
1 xícara de melado
½ xícara de manteiga
3 colheres de chá de sal
2 ovos batidos
1 ½ xícaras de água fervente
6 xícaras de farinha de trigo integral
1 xícara de aveia em flocos

PREPARAÇÃO:

Dissolva o fermento em água morna e deixe-o repousar. Em tigela grande coloque a aveia, a manteiga e o sal. Despeje a água fervente sobre esses ingredientes; depois de mexer e misturar bem junte o melado, mexa mais e deixe amornar. Então junte a mistura de fermento e ponha ½ xícara de farinha, incorporando tudo com a colher de pau.

Bata os ovos e junte-os sempre misturando bem. Adicione aos poucos e batendo sempre, o resto da farinha – 5 ½ xícaras. A massa não fica tão firme quanto as que se amassam imediatamente. Coloque em tigela untada, vire a parte untada para cima. Cubra e deixe na geladeira por um tempo mínimo de 2 horas. Pode ficar até 12 horas – a massa do pão espera por você, que decide quando irá fazê-los!

Nessa altura, divida a massa em 2 ou 3 partes e coloque-as em formas de pão untadas. Deixe crescer cobertos com plásticos ou toalhas por 2 horas ou mais, até dobrarem de volume. Acenda antes o forno moderado – 160°C a 170°C e depois de alguns minutos, cuidadosamente, coloque os pães a assar.

NOTA: É importante não sacudir nem bater nas formas quando o pão está crescendo ou crescido, senão ele abaixará e não crescerá no forno. Por outro lado só os retire do forno ao certificar-se de que estão assados.

PÃO DE AVEIA ESCAMAS

INGREDIENTES:

1 colher de sopa de fermento biológico granulado para pão ou 1 tablete
¼ xícara de água morna para dissolver o fermento
½ xícara de mel
2 colheres de sopa de manteiga
2 colheres de chá de sal
2 xícaras de água fervente
1 xícara de aveia em flocos
5 xícaras de farinha de trigo integral – aproximadamente
para passar sobre o pão escolha: leite evaporado – ou mel – ou ovo batido – ou só clara de ovo – e aveia em flocos

PREPARAÇÃO:

Despeje a água fervente sobre a aveia, o mel, o sal e a manteiga, mexa bem e deixe amornar. Depois de uns 20 minutos dissolva – em tigela pequena – o fermento, tape-o e deixe repousar até uns 20 minutos, não mais. Nessa altura a aveia já deve estar morna. Faça uma cova no centro, ponha 1 xícara de farinha e derrame o fermento misturando-o bem. Acrescente o resto – aveia, mel, manteiga, etc. e, aos poucos, mais farinha, batendo sempre com a colher de pau.

Vire-a sobre a mesa enfarinhada e amasse-a durante 10 a 12 minutos até obter massa elástica e macia. Se houver necessidade de mais farinha pode juntar; a massa não deve ficar pegajosa.

Unte a tigela já limpa, ponha aí a massa, vire a parte untada para cima, cubra-a e deixe crescer em lugar quente cerca de 1 a 1 ½ hora, até dobrar de volume.

Vire-a sobre a mesa e amasse-a por uns 2 minutos, faça os pães – 2 médios é o que geralmente dá a receita – e coloque-os em formas para pão. Cubra-os e deixe crescer por uns 45 minutos até quase dobrarem de volume. Após 35 minutos de crescimento acenda forno moderado-brando – 165°C a 170°C e deixe-os crescer ainda durante 10 a 12 minutos. Coloque cuidadosamente os pães para assar. Ficarão dourados e terão som oco quando estiverem assados.

NOTA: Para cobrir com aveia há 2 processos:

1. Pincelar com leite evaporado, mel, ovo batido ou só com clara pouco batida, antes de crescer nas formas ou depois de crescidos – mas com cuidado para *não* pressioná-los e abaixá-los! Aí, polvilhar a aveia em flocos. Prefiro dessa maneira pois a aveia será torrada.
2. Passar mel sobre os pães assados e polvilhar com aveia.

ATENÇÃO: Só cortar o pão depois de bem frio.

PÃES DE TRIGO SARRACENO OU MOURISCO

144 | PÃO DE TRIGO SARRACENO GRANJEIRO

146 | PÃO DE TRIGO SARRACENO CITADINO

PÃO DE TRIGO SARRACENO GRANJEIRO

INGREDIENTES:

2 colheres de sopa de fermento biológico granulado para pão ou 2 tabletes
1 xícara de água morna para dissolver o fermento
½ xícara de melado
½ xícara de manteiga ou óleo
1 xícara de água de batata (onde se cozinharam as batatas)
3 ovos
6 ½ a 7 xícaras de farinha integral
1 ½ xícaras de trigo sarraceno (ou mourisco) – farinha
1 xícara de aveia em flocos
manteiga – se quiser – para passar sobre o pão quando este sair do forno

(esta receita não leva sal – se quiser, entretanto, pode acrescentar 5 colheres de chá de sal na água do cozimento das batatas)

PREPARAÇÃO:

Dissolva o fermento com água morna e deixe-o tapado por uns 15 minutos, em tigela grande.

Aqueça até amornar: a água de batatas, o melado e o óleo ou manteiga. Despeje sobre os ovos batidos. Junte ao fermento dissolvido 1 xícara de farinha de trigo, bata bem; junte a mistura líquida de água, melado, ovos e óleo; mexa bem. Acrescente mais 1 xícara de farinha, bata; mais 1 xícara de farinha – incorporar ao todo 3 xícaras de farinha de trigo integral. Deixe essa mistura descansar em lugar quente cerca de ½ hora, até começar a fazer bolhas.

Junte então a aveia, misture bem; adicione a farinha de trigo sarraceno, bata bastante e depois vá juntando e misturando a farinha de trigo integral com a colher de pau.

Vire-a sobre a mesa enfarinhada e amasse-a por 10 ou 12 minutos acrescentando mais farinha se necessário.

Unte a tigela e ponha aí a massa; vire a parte untada para cima. Cubra e deixe descansar até dobrar de volume, em lugar quente – cerca de 1 ½ hora.

Abaixe a massa e divida-a em três partes iguais. De cada uma faça um pão, trabalhando bem cada parte da massa e modelando-o. Feche nos lados (ou seja, nas pontas) e na emenda.

Coloque em formas untadas de pão. Deixe crescer até dobrar – isso pode levar até 1 hora – em lugar quente. Quase chegando ao dobro do volume, acenda o forno moderado – 175°C por alguns minutos e só então coloque cuidadosamente os pães no forno para assar. Devem ficar dourados. Se gostar, pincele-os com manteiga derretida.

PÃO DE TRIGO SARRACENO CITADINO

INGREDIENTES:

1 xícara de água morna – para dissolver o fermento
2 colheres de sopa de fermento biológico granulado para pão ou 2 tabletes
¼ xícara de mel
½ xícara de óleo ou de manteiga
3 ovos
1 ¼ xícaras de água morna – para a massa
6 ½ a 7 xícaras de farinha de trigo integral
1 ½ xícaras de farinha de trigo sarraceno
1 xícara de nozes partidas – os pedaços não muito pequenos
manteiga derretida para pincelar os pães quando os retirar do forno
sal – 1 colher de sopa ou 2 de chá ou... nada, se quiser sem sal. Coloque conforme o gosto

PREPARAÇÃO:

Dissolva o fermento em água morna, tape-o e deixe-o repousar cerca de 15 minutos em tigela média! Misture em tigela grande os ovos, bata-os, coloque manteiga ou óleo, mel, sal e água morna.

No fermento junte 1 xícara de farinha de trigo integral e mexa bem, depois junte-o, na tigela grande, aos outros ingredientes líquidos. Acrescente mais 2 xícaras de farinha de trigo integral, uma por vez, batendo depois de cada adição. Deixe então descansar por 30 minutos.

Agora junte mais 1 xícara de farinha de trigo integral, bata bem com a colher de pau; coloque a farinha de trigo sarraceno e as nozes partidas, mexa bastante, junte mais 3 ou 3 ½ xícaras de farinha de trigo integral. Coloque a massa sobre a mesa enfarinhada e amasse-a por uns 10 minutos juntando farinha sempre que a massa estiver colando nas mãos e pegajosa.

Unte a tigela limpa, ponha aí a massa, vire o lado untado para cima; cubra-a e deixe-a crescer em lugar quente até dobrar de volume – cerca de 1 a 1 ½ hora.

Abaixe-a, divida-a em 3 (ou mais, se preferir pães menores) partes iguais. Trabalhe cada uma amassando-a e fazendo o pão, que deverá ser bem fechado nas pontas e na emenda. Coloque em formas de pão untadas. Faça o mesmo com as outras partes. Cubra e deixe crescer em lugar quente até quase dobrar de volume – cerca de 1 hora.

Antes, acenda o forno moderado – 175°C e depois de alguns minutos coloque os pães a assar.

Ao retirá-los do forno, pincelar com manteiga derretida – opcional.

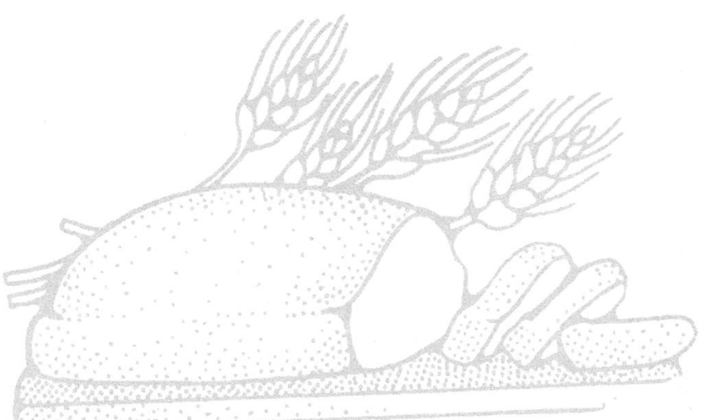

PÃES COM MISTURAS DE CEREAIS

150 | PÃO TRÊS FARINHAS TRICOLOR

151 | PÃO TRÊS FARINHAS VIGOR

152 | PÃO CINCO FARINHAS ESPERANÇA

153 | PÃO QUATRO CEREAIS ATLETA

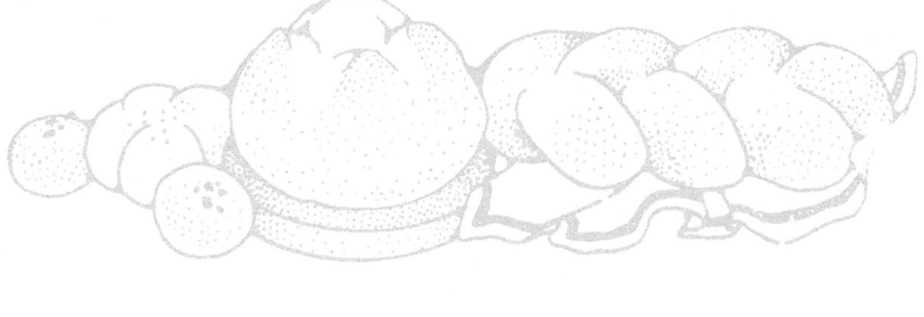

PÃO TRÊS FARINHAS TRICOLOR

INGREDIENTES:

2 tabletes de fermento biológico granulado para pão
$\frac{1}{4}$ xícara de água morna
2 xícaras de leite quente
$\frac{1}{2}$ xícara de melado – ou mel
1 colher de chá de sal ou até 2 colheres, se preferir
4 xícaras de farinha branca, comum
1 xícara de farinha de milho ou seja, fubá
1 xícara de farinha integral

PREPARAÇÃO:

Dissolva o fermento na água morna e deixe repousando por 10 minutos.

Em tigela grande coloque o leite, o mel ou melado e o sal; mexa bem. Com tudo morno, junte o fermento dissolvido. Pouco a pouco acrescente as farinhas – começando e terminando com a farinha branca – sempre batendo muito bem! *Não é necessário amassar com as mãos.* Ponha para crescer em lugar quente. Ao dobrar de volume bata bem, de novo. Escolha formas de pão (2) ou forminhas pequenas – unte-as e aí verta a massa para crescer. Acenda o forno por alguns minutos – quente (até 220°C) e coloque os pães para assar.

NOTA: Esse pão (seco, adocicado e de cor diferente) não leva gordura, é nutritivo e econômico.

PÃO TRÊS FARINHAS VIGOR

INGREDIENTES:

2 tabletes de fermento ou 2 colheres de sopa de fermento granulado biológico para pão
½ xícara de água morna para dissolver o fermento
1 colher de chá de melado para dissolver o fermento (retirado de ⅓ xícara do melado indicado)
4 ⅓ xícaras de farinha integral
2 xícaras de farinha de centeio
⅓ xícara de farinha de soja
⅓ xícara de germe de trigo
1 colher de chá de alcarávia (kümmel) ou de erva-doce, se gostar!
1 colher de sopa de sal
⅓ xícara de melado
2 xícaras de água morna ou quente

PREPARAÇÃO:

Dissolva o fermento com água morna (½ xícara), melado (1 colher, de chá), tape e deixe repousar.

Coloque a água quente, não fervente, o melado, o sal, a erva-doce ou a alcarávia – se gostar – e note que não vai manteiga nem óleo. Quando estiver morno misture aí o fermento dissolvido. Mexa e coloque 1 xícara de farinha de trigo integral, depois outra, mexa e bata bem. Vá acrescentando a farinha de centeio batendo sempre, a farinha de soja, o germe de trigo e para terminar, o resto da farinha de trigo integral, aos poucos. Amasse tudo dentro da tigela, e vá limpando com a massa os lados interiores da mesma. Se precisar de mais farinha adicione aos pouco e continue a amassar até que a massa se torne sedosa e elástica. Vire-a sobre a mesa enfarinhada e amasse-a por mais 5 minutos.

Ponha a massa em tigela untada, cubra e deixe crescer até dobrar de volume, cerca de 1 ½ a 2 horas. Vire-a sobre a mesa e divida-a em pedaços conforme os pães que desejar fazer. Amasse os pedaços, faça pães de cortes com a faca afiada e ponha-os em assadeira ou formas untadas. Deixe crescer cerca de 1 hora, mas antes pincele os pães com óleo. 45 minutos depois que foram postos para crescer, acenda o forno médio – moderado – 170°C e após alguns minutos coloque então os pães já crescidos, com cortes de faca e pincelados de óleo. Esse pão não cresce muito mas tem bom sabor e é saudável.

PÃO CINCO FARINHAS ESPERANÇA

INGREDIENTES:

½ colher de chá de fermento para pão biológico granulado
½ xícara de água morna para dissolver o fermento
1 ½ xícara de água morna
3 ½ a 4 xícaras de farinha de trigo integral
½ xícara de farinha de centeio
½ xícara de farinha de soja
½ xícara de farinha de milho ou fubá
½ xícara de farinha de trigo mourisco ou sarraceno
2 colheres de chá de sal
1 colher de sopa de óleo

PREPARAÇÃO (VÉSPERA):

À noite, dissolva muito bem o fermento em ½ xícara de água morna, tape-o e deixe-o repousar.

Peneire separadamente as farinhas. Junte em tigela grande a água morna, ½ xícara de farinha de trigo integral, o sal e o óleo. Misture bem e coloque aí o fermento mais as outras farinhas – centeio, fubá, soja e a de trigo mourisco ou sarraceno. Bata após cada adição. Acrescente mais ½ xícara de farinha de trigo integral. Será massa pesada meio mole.

Cubra a tigela com pano fechando-a bem para impedir a formação de crosta na massa. Deixe ficar em lugar quente por toda essa noite.

No dia seguinte mexa com colher de pau e acrescente a farinha de trigo necessária para poder amassar com as mãos.

Vire-a sobre superfície enfarinhada e amasse-a por 20 a 30 minutos, até que a massa se tome macia e elástica; use só a farinha necessária para que a massa não fique pegajosa.

Modele seu pão ou seus pães se preferir 2 menores; unte formas de pão ou assadeira e coloque a massa. Pincele-os com óleo; espete com garfo em 3 lugares; cubra-os (ou ponha as formas em sacos de plástico fechados, sem tocar na massa); coloque-os em lugar quente para crescer por 1 ½ hora.

Acenda o forno menos que moderado – 135°C e depois de alguns minutos coloque os pães.

Eles demoram a assar mas saem das formas facilmente. Não os deixe queimar!

PÃO QUATRO CEREAIS ATLETA

INGREDIENTES:

2 tabletes de fermento para pão ou 2 colheres de sopa de fermento biológico granulado
¼ xícara de água morna
1 colher de chá de melado (ou mel) para ajudar o fermento a crescer
1 ½ xícaras de leite fervente
2 colheres de sopa de manteiga
1 ovo ligeiramente batido
3 colheres de sopa de levedo de cerveja
2 colheres de chá de sal
*2 colheres de sopa de mel**
2 colheres de sopa de melado
1 xícara de farinha normal – branca
1 xícara de farinha de centeio
½ xícara de farinha de trigo mourisco ou sarraceno
¾ xícara de germe de trigo
¾ xícara de flocos de aveia
2 xícaras de farinha de trigo integral

PREPARAÇÃO:

Dissolva o fermento com o melado ou mel (1 colher, de chá) e água morna. Tape e deixe repousar.

Ferva o leite, deixe amornar. Coloque a manteiga, o ovo, o sal, o mel, o melado e o fermento dissolvido. Misture tudo muito bem. Junte a farinha branca, bata; adicione, aos poucos, o centeio, a farinha de trigo sarraceno ou mourisco e bata muito bem. Junte o germe de trigo – bata mais. Acrescente a aveia e o levedo de cerveja e bata se conseguir, ainda com a colher de pau. Acrescente aos poucos farinha de trigo integral. Se a massa estiver já firme, vire-a sobre a mesa para amassá-la com as mãos até que se torne elástica – cerca de 15 minutos. É importante que seja bem amassada. Unte a tigela, po-

* Pode-se substituir o mel por melado. Se quiser menos doce: 1 de mel; 1 de melado.

nha aí a massa, vire-a para cima, cubra-a e deixe em lugar quente por cerca de 1 ½ a 2 horas, até dobrar de volume.

Abaixe a massa, trabalhe-a ligeiramente e divida-a em 2 ou 3 partes. Faça os pães e coloque-os em formas untadas ou assadeiras. Deixe crescer cerca de 45 minutos até quase dobrar de volume.Coloque em forno pré-aquecido – moderado (175°C) até dourarem. Estarão prontos quando batidos com os nós dos dedos soarem oco.

NOTA: Esse pão é escuro, adocicado e altamente laxativo. Pode-se torná-lo menos doce reduzindo para metade a quantidade de melado e mel.

PÃES COM TUBÉRCULOS E LEGUMES

156	PÃO INTEGRAL FAZENDINHA
157	PÃO INTEGRAL TESOURO DA TERRA
159	PÃO INTEGRAL REMINISCÊNCIA
160	PÃO INTEGRAL FRATERNIDADE
161	PÃO INTEGRAL CAMPONÊS
162	PÃO INTEGRAL LIMPA – GELADEIRA

PÃO INTEGRAL FAZENDINHA

INGREDIENTES:

1 colher de sopa de fermento biológico granulado para pão ou 1 tablete
1 colher de sopa de açúcar mascavo
1 xícara da água (morna) onde foram cozidas batatas
o açúcar e a água de batatas serão usadas para dissolver o fermento)
1 xícara de leite morno – pode substituir por água morna
2 a 3 colheres de sopa de manteiga
1 colher de sopa de sal
2 colheres de sopa de mel
2 colheres de sopa de melado
6 xícaras de farinha de trigo integral

PREPARAÇÃO:

Dissolva o fermento na água morna (de batatas) e junte o açúcar.

Deixe repousar por uns 10 minutos.

Em tigela grande coloque a manteiga, o mel, o sal, o melado e o leite (ou a água) morno. Junte 1 xícara de farinha, mexa bem e acrescente o fermento dissolvido. Incorpore aos poucos a farinha e bata sempre bem até obter consistência de amassar.

Amasse-a sobre a mesa enfarinhada até se tornar sedosa, de 15 a 20 minutos.

Unte formas de pão; molde os pães – 2 ou 3 e coloque-os nas formas para crescer até dobrar de volume – cerca de 1 hora. Uns 50 minutos depois que colocou os pães para crescer nas formas acenda o forno moderado – 175°C e deixe-o aquecer por alguns minutos. Coloque os pães crescidos (com o dobro do volume) no forno quente. Asse-os até ficarem com boa cor e soarem oco quando neles se bater com os nós dos dedos.

Se gostar, ao retirá-los do forno passe manteiga em cima e dos lados.

PÃO INTEGRAL TESOURO DA TERRA

INGREDIENTES:

2 colheres de sopa de fermento biológico granulado para pão ou 2 tabletes

1 xícara de água onde se cozinhou 1 batata média descascada, sem sal (essa água é para dissolver o fermento; se 1 xícara for pouco, complete com água morna)

2 colheres de sopa de mel

2 colheres de sopa de manteiga

1 colher de sopa de sal

1 batata média, cozida e amassada

1 xícara de leite morno

6 a 7 xícaras de farinha de trigo integral

PREPARAÇÃO:

Descasque e corte uma batata média, cubra-a com água e ponha para cozinhar até amolecer. Reserve a água (é necessário 1 xícara, se não der junte água morna). Amasse a batata. Adicione a água da batata morna ao fermento em pó que deve estar em tigela grande; dissolva-o bem. Junte a manteiga, o mel, o sal e mexa bem. Acrescente 1 xícara de farinha, misture e depois junte a batata amassada – geralmente dá 1 xícara. Ponha o leite morno e mais 2 xícaras de farinha, uma de cada vez, batendo depois de cada adição. Bata bastante até ficar tudo bem macio. Vá juntando farinha, sempre batendo até a massa ficar firme. Vire-a sobre a mesa enfarinhada e amasse-a até que se torne elástica e sedosa – uns 10 ou 12 minutos.

Coloque em tigela untada, vire a parte untada para cima.

Cubra e deixe crescer em lugar quente até dobrar de volume, cerca de 1 hora, aproximadamente. Aí abaixe a massa com os punhos, ponha-a outra vez na tigela, cubra e deixe descansar em lugar quente por 20 minutos.

Vire-a novamente sobre a mesa enfarinhada, amasse-a por 2 minutos. Divida a massa em 2 ou 3 partes, molde os pães e coloque-os em formas untadas. Deixe-os crescer em lugar quente até dobrarem de volume. Antes, acenda o forno moderado – 175°C e ponha com cuidado os pães a assar. A cor (dourada) e o som (oco) indicarão que os pães estão assados.

NOTA: É costume europeu peneirar farinha sobre alguns pães antes de ir ao forno. Esse é um deles. Se gostar, polvilhe farinha com a peneira.

PÃO INTEGRAL REMINISCÊNCIA

INGREDIENTES:

2 colheres de sopa de fermento biológico granulado para pão ou 2 tabletes
3 ½ xícaras de água morna
3 colheres de sopa de mel
½ xícara de leite em pó (sem água) mais 2 colheres de sopa
1 colher de sopa de sal
½ xícara de batata cozida e amassada
6 colheres de sopa de manteiga
9 a 10 xícaras de farinha de trigo integral
fubá – para polvilhar levemente o fundo e lados das formas, se quiser (mais ou menos 3 colheres de sopa)

PREPARAÇÃO:

Seguir a preparação do pão integral *Fraternidade* (pág. 160) observando, porém:

1. Mais tempo para o crescimento da massa – este requer 2 horas.
2. Não há necessidade de um segundo crescimento na tigela.
3. Se quiser usar fubá, polvilhe o fundo e os lados das formas antes de colocar os pães a crescer.

O resto é igual – forno moderado – 175°C. O pão assado deve ter bela cor e soar oco quando nele se bater na parte inferior com os nós dos dedos.

PÃO INTEGRAL FRATERNIDADE

INGREDIENTES:

2 colheres de sopa de fermento biológico granulado para pão ou 2 tabletes
4 xícaras de água morna
½ xícara de leite em pó (sem água)
3 colheres de sopa de mel. Se preferir mais doce, 4 colheres
1 colher de sopa de sal
6 colheres de sopa de manteiga amolecida
2 xícaras de farinha de trigo integral – para o fermento
1 xícara de batatas cozidas e amassadas
8 a 9 xícaras de farinha de trigo integral

PREPARAÇÃO:

Coloque em tigela grande, o fermento, o mel, a água morna e o leite em pó – mexa bem e dissolva tudo. Junte 2 xícaras de farinha, bata bem e depois coloque o sal e a batata. Mexa bastante e acrescente a manteiga. Junte, aos poucos, 2 ½ xícaras de farinha, mexa e bata na batedeira elétrica em velocidade média por uns 2 minutos.

Acrescente gradualmente a farinha necessária à massa, misturando-a com uma colher de pau até obter massa bem macia. Vire-a sobre a mesa levemente enfarinhada e amasse-a por uns 10 a 12 minutos. Coloque a massa em tigela untada, vire a parte untada para cima, cubra-a e deixe crescer em lugar quente até dobrar de volume – cerca de 1 a 1 ½ hora. Abaixe a massa, vire-a sobre a mesa enfarinhada, amasse-a por uns 2 minutos. Se quiser pão de consistência mais fina, torne a colocar a massa em tigela untada para crescer novamente – em lugar quente e coberta. Depois, abaixe a massa, divida-a em partes para fazer os pães conforme o tamanho que desejar. Feche-os bem nos lados e emendas e ponha-os em formas de pão untadas. Deixe crescer até dobrarem de volume. Alguns minutos antes acenda o forno moderado – depois de algum tempo ele deve estar bom para aí se colocar os pães – com cuidado para não sacudi-los. Antes de os retirar do forno bata com os nós dos dedos na parte inferior – se soarem oco estarão assados.

PÃO INTEGRAL CAMPONÊS

INGREDIENTES (RECEITA GRANDE):

2 colheres de sopa de fermento biológico granulado para pão ou 2 tabletes
1 colher de sopa de mel – para misturar no fermento
½ xícara de água morna – para dissolver o fermento
5 ½ xícaras de água quente
⅔ xícara de óleo
½ xícara – menos 1 colher, de sopa – de mel (a que foi com o fermento)
2 ½ colheres de sopa de sal (ou só 2 colheres de sopa)
2 ovos batidos
1 batata média cozida e amassada
⅔ xícara de leite em pó (sem água)
de 13 ½ a 14 xícaras de farinha integral, de trigo
(se necessitar de mais farinha, peneire-a antes)

PREPARAÇÃO:

Dissolva o fermento com água morna e mel. Deixe à parte. Em tigela grande misture a água quente, o óleo, o mel, o sal, os ovos batidos, a batata amassada, o leite em pó (sem água) e 7 xícaras de farinha de trigo, uma por vez, batendo depois de cada adição. Use a batedeira elétrica em velocidade baixa.

Junte o fermento dissolvido e misture.

Junte agora uma a uma, as restantes 6 ou 7 xícaras de farinha, usando a batedeira elétrica para misturar e bater tudo muito bem. Ligue por 10 minutos interrompendo de quando em vez.

Unte as mãos e vire a massa em superfície também untada.

Divida a massa em 4 ou 6 partes – conforme o tamanho dos pães que desejar. Molde-os fechando-os bem e coloque-os em formas de pão untadas e cobertas para crescer em lugar quente.

Deixe crescer até ⅓ a mais de seu volume inicial. Acenda o forno moderado – 175°C e depois de 10 ou 12 minutos ponha os pães a assar.

Verifique se estão assados batendo com os nós dos dedos na parte inferior do pão; devem soar ocos.

PÃO INTEGRAL LIMPA-GELADEIRA

INGREDIENTES:

2 colheres de sopa de fermento biológico granulado para pão ou 2 tabletes
¼ xícara de água morna
2 colheres de sopa de mel ou melado
2 colheres de sopa de manteiga
1 colher de sopa de sal
5 ½ xícaras de farinha de trigo integral
½ xícara de germe de trigo
½ xícara de farinha de soja
abóbora cozida; cenoura cozida; maçã cozida – retirar 1 xícara de cada um desses ingredientes, amassá-los e inteirar com água para fazer 3 xícaras no total

NOTA: Esse pão é para aproveitar as sobras, não hesite em alterar os ingredientes, por exemplo:
1 ½ xícara de abóbora e 1 ½ xícara de cenouras, ou 1 xícara de abóbora, 1 xícara de cenoura e 1 xícara de abobrinha, etc.

PREPARAÇÃO:

Dissolva o fermento em água morna, tape e deixe de lado. Em uma panela junte os legumes cozidos (ou não!) com água. Aqueça-os (ou cozinhe-os). Amasse-os. Misture a manteiga, o mel ou melado e o sal. Mexa e deixe amornar. Quando estiver morno coloque o fermento em tigela grande, ponha a mistura morna anterior e junte 1 xícara de farinha sobre o fermento. Mexa tudo a acrescente o germe de trigo e a farinha de soja. Misture bem e vá colocando, aos poucos, a farinha de trigo até obter massa firme.

Vire-a sobre a mesa enfarinhada e amasse-a por uns 10 ou 12 minutos – a massa ficará elástica. Use mais farinha se necessário for.

Coloque a massa em tigela untada, vire a parte untada para cima, cubra-a e deixe-a crescer em lugar quente – cerca de 1 a 1 ½ hora.

Quando tiver dobrado de volume, vire-a sobre a mesa enfarinhada e faça os pães conforme desejar. Coloque-os em assadeiras ou formas de pão untadas. Deixe-os crescer em lugar quente até dobrar de volume. Podem levar uns 45 minutos; aos 35 minutos porém, verifique o crescimento; se tiverem quase dobrado de volume, acenda já o forno moderado – 175°C e depois de alguns minutos coloque aí os pães a assar.

Cor dourada e som oco indicam que estão assados!

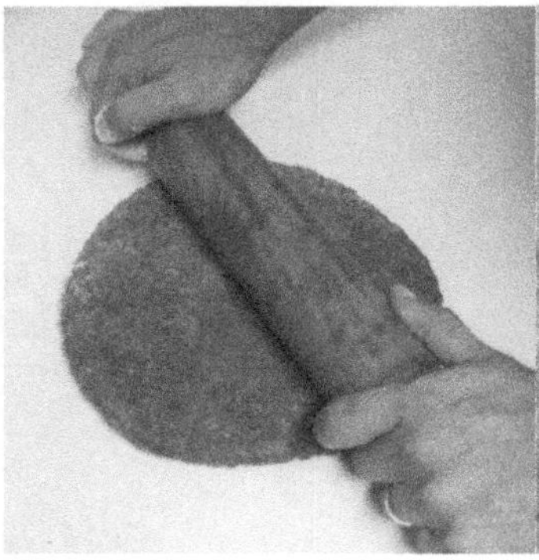
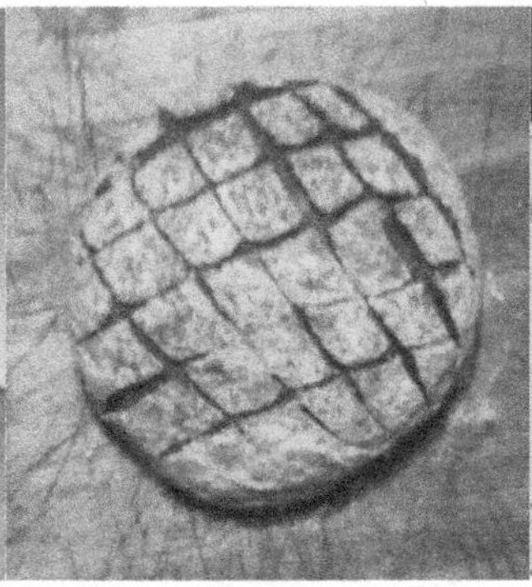

PÃES-BOLOS

166 | PÃO-BOLO AMÉRICA MORENA
167 | PÃO-BOLO MEIA-LUA
169 | PÃO-BOLO FRUTOS DA TERRA

PÃO-BOLO AMÉRICA MORENA

INGREDIENTES:

2 colheres de sopa de fermento biológico granulado para pão ou 2 tabletes
½ xícara de água morna – para o fermento
1 colher de chá de açúcar – para o fermento
2 ovos ligeiramente batidos
½ xícara de açúcar mascavo
¾ colher de chá de sal
½ xícara de manteiga derretida
1 colher de chá de casca de limão ralada – ou baunilha
½ xícara de leite gordo (ou leite em pó – 1/4 xícara de pó; 1/4 de água)
½ xícara de água quente
3 ½ a 4 xícaras de farinha de trigo integral – peneirada
nozes ou passas – opcional

PREPARAÇÃO:

Dissolva bem o fermento com açúcar (1 colher de chá) e água (½ xícara) em tigela pequena.

Em tigela grande bata os ovos, junte o açúcar, a manteiga, o sal, a casca do limão ralada, o leite e a água quente. No caso de preferir a essência de baunilha coloque-a agora. Mexa tudo bem e junte o fermento misturando os ingredientes. Junte a farinha, aos poucos, e vá batendo. Quando tiver massa bem macia cubra e deixe crescer em lugar quente por 15 minutos. Aí, vire-a sobre a mesa enfarinhada e amasse-a por 10 a 12 minutos até a massa ficar sedosa.

Se quiser, acrescente agora nozes partidas ou passas.

Coloque-a em tigela untada, vire a parte untada para cima e deixe crescer durante 1 hora – em lugar quente. Abaixe-a e faça seus pães – bolos (2); coloque-os em formas untadas, para pão ou bolo.

Deixe crescer até dobrarem de volume, em lugar quente. Asse em forno pré-aquecido – moderado – 170°C a 175°C.

PÃO-BOLO MEIA-LUA

(Use a receita de pão bolo América Morena pg. 166; a diferença é que este pão tem recheio.)

INGREDIENTES DO RECHEIO:

2/3 xícara de manteiga amolecida mais 1 colher de sopa
½ xícara de açúcar mascavo
1 ½ colher de chá de canela em pó

Para cobrir os pães, depois de assados:
nozes partidas, amêndoas torradas e partidas ou amendoins torrados
2 colheres de sopa de açúcar
¼ xícara de mel

PREPARAÇÃO:

Quando a massa da receita básica crescer – até mais que o dobro do volume, abaixe-a, cubra-a e deixe descansar por 5 minutos.

Divida a massa em 2 partes e com o rolo de massa faça 2 retângulos. Passe neles 1/3 xícara de manteiga amolecida. Misture ½ xícara de açúcar mascavo com a canela e ponha a metade no 1° retângulo.

Enrole como rocambole e ponha em assadeira untada, virando as pontas e fechando-as bem. Ficará como meia-lua.

Faça o mesmo no 2° retângulo – passe a manteiga, polvilhe açúcar e canela; enrole-o; feche as pontas, aperte-as, faça como meia-lua ou deixe como rocambole, sem virar as pontas. Pode também colocá-lo (ou os dois) em formas de pão, untadas.

Deixe crescer nas formas, em lugar quente, cobertos, até dobrar de volume. Forno pré-aquecido – moderado – 170°C a 175°C.

Os pães levam quase 1 hora para crescer nas formas ou assadeiras. Alguns minutos antes desse tempo acenda o forno – moderado. Asse-os. Levarão de 20 a 30 minutos, dependendo do seu forno. *Vigie-o!*

Cobertura:

Enquanto os pães assam ponha em panela pequena a manteiga ($^1/_3$ mais 1 colher, de sopa) o mel e o açúcar mascavo (2 colheres, de sopa). Deixe ferver. Pincele essa mistura ainda bem quente nos pães, ao saírem do forno. Espalhe então as nozes, amêndoas ou amendoins torrados sobre eles.

PÃO-BOLO FRUTOS DA TERRA

INGREDIENTES:

1 colher de sopa de fermento biológico granulado para pão ou 1 tablete
1/3 xícara de água morna
1 xícara de leite morno
1/2 xícara de manteiga amolecida
1/3 xícara de mel
4 a 4 1/2 xícaras de farinha de trigo integral, fina
1 colher de sopa rasa, de sal – ou menos – se preferir
1/2 xícara de passas
2 xícaras de maçãs cortadas em pedaços

PREPARAÇÃO:

Na tigela grande da batedeira coloque 2 1/2 xícaras de farinha de trigo com o fermento; junte o mel e o sal. Acrescente o leite, bata na batedeira ou com a colher de pau, adicione a água e continue a bater por 2 ou 3 minutos. Incorpore a manteiga e misture bem.

Junte mais farinha até ter massa firme. Vá usando a colher de pau ou as mãos, para bater e misturar a farinha, quando já não der mais com a batedeira elétrica. Deixe descansar por 5 minutos.

Unte uma tigela grande.

Ponha as passas e as maçãs na massa. Amasse bem para que as frutas se distribuam por igual.

Coloque a massa na tigela untada. Cubra com uma toalha úmida e ponha a crescer em lugar quente até dobrar de volume – de 1 a 1 1/2 hora. O forno, brevemente aquecido e desligado, é ideal para esse crescimento.

Unte ou use farinha na forma escolhida para seu pão. Dará 1 bem grande ou, se preferir, 2 menores.

Abaixe a massa, vire-a sobre superfície enfarinhada. Amasse-a por uns 5 minutos. Faça o pão ou os pães. Se quiser, faça cortes no pão, – *antes de crescer!* Feche-os bem e deixe crescer em lugar quente cerca de 20 minutos.

Aqueça o forno – 200°C – e ponha uma lata com água quente no fundo do forno, bem embaixo.

Coloque os pães ou o pão para assar e reduza a temperatura para 150°C – depois de 30 minutos. Retire a lata com água do forno e deixe assar o pão até ficar bom. Ele soará oco quando nele se bater com os nós dos dedos, na parte inferior.

MUFFINS*

172	MUFFINS TRÂNSITO LIVRE
173	MUFFINS DE ABÓBORA TARDE DE INVERNO
175	MUFFINS AREIA
176	ENROLADINHOS DE CANELA

* *Vocábulo inglês usado para designar bolinhos assados em forminhas do tipo que empregamos para empadinhas médias. São muito comuns e variados os muffins rápidos feitos com fermento para bolo. Neste livro daremos apenas receitas de muffins com fermento de pão, o que implica um ou dois crescimentos da massa antes de serem colocados no forno.*

MUFFINS TRÂNSITO LIVRE

INGREDIENTES:

1 colher de sopa de fermento biológico granulado para pão ou 1 tablete
½ xícara de água
1 xícara de leite
3 colheres de sopa de óleo
1 colher de sopa de açúcar mascavo
¾ colher de chá de sal
4 xícaras de farinha – 2 xícaras de farinha branca e 2 de farinha de trigo integral
1 xícara de farelo de trigo

PREPARAÇÃO:

Aqueça o leite, a água e o óleo até bem mornos.

Despeje-os sobre o fermento com o açúcar, o sal e 1 xícara de farinha integral. Use a batedeira elétrica em velocidade média por 2 minutos – ou colher de pau que é bem eficiente!

Junte o farelo, mais farinha integral, mexa bem e bata. Vá juntando a farinha branca. Quando a massa já estiver firme, vire-a sobre a mesa e amasse-a por 10 a 12 minutos – até que se torne elástica.

Coloque-a em tigela untada, vire a parte untada para cima, cubra-a com plástico ou ponha a tigela em grande saco plástico, feche-o e deixe a massa crescer até dobrar de volume – cerca de 1 a 1 ½ hora. Vire-a sobre superfície ligeiramente enfarinhada. Abaixe-a com o rolo e corte com cortador redondo, na espessura de uns 2 cm. Se preferir faça bolinhas com a mão. Deixe crescer até dobrar de volume em assadeiras untadas ou formas especiais de muffins (ou bolinhos). Pode-se também assar como panquecas em grelhas untadas – 10 a 12 minutos de cada lado.

Assam depressa em forno pré-aquecido – 200°C ou 175°C (uns 15 ou 20 minutos) contudo seu forno é específico, forte ou fraco, – assim, *controle-o sempre!*

MUFFINS DE ABÓBORA TARDE DE INVERNO

INGREDIENTES:

¾ xícara de farinha de trigo integral
1 xícara de farinha de trigo branca
1 colher de sopa de fermento biológico granulado para pão ou 1 tablete
½ colher de chá de sal
¼ colher de chá de bicarbonato de sódio
¼ xícara de leite
¼ xícara de água
½ xícara de açúcar mascavo
2 colheres de sopa de óleo
½ xícara de abóbora cozida e amassada
¼ xícara de germe de trigo
¼ xícara de nozes picadas ou pecans
¼ xícara de passas

TEMPEROS : ½ colher de chá de noz moscada ralada
¼ colher de chá de cravo moído
¼ colher de chá de gengibre em pó ou ralado
1 colher de chá de canela em pó
(se gostar use todos esses temperos, se não, coloque os que aprecia)

PREPARAÇÃO:

Misture ½ xícara de farinha de trigo branca, o fermento, os temperos, o sal e o bicarbonato em uma tigela grande.

Aqueça o leite, a água, o açúcar e o óleo até bem mornos.

Despeje sobre os ingredientes secos e bata com a batedeira elétrica, em velocidade média, por 2 minutos ou use a colher de pau. Acrescente a abóbora cozida, o ovo, o germe de trigo e bata por mais 1 minuto – velocidade média. Junte as nozes, as passas e mais farinha, agora das duas – branca e integral – até ter massa espessa.

Cubra a tigela e coloque em lugar quente para crescer durante uns 45 a 50 minutos até ficar leve.

Mexa a massa para abaixá-la. Unte forminhas (ou as formas especiais para muffins) e coloque a massa até ¾ de altura das forminhas. Deixe crescer, em lugar quente, por outros 45-50 minutos mas... após uns 35 minutos desse crescimento, acenda o forno moderado – 175°C. Depois de uns 12 minutos coloque – cuidadosamente – os muffins no forno para assar. Geralmente levam 20 minutos, mas vigie seu forno!

MUFFINS AREIA

INGREDIENTES:

1 colher de sopa de fermento biológico granulado para pão ou 1 tablete
1 ¼ xícara de água morna
½ colher de chá, de mel ou mais – se desejar os muffins doces
½ colher de chá, de sal – opcional, prove a massa!
3 a 4 xícaras de farinha de trigo integral
1 batata média cozida e amassada
fubá, – se quiser crosta inferior dos muffins saborosa – para polvilhar a assadeira

PREPARAÇÃO:

Dissolva o fermento com o mel e ¼ xícara de água morna. Deixe repousar até borbulhar – uns 10 minutos. Coloque o restante da água morna com os outros ingredientes, misture bem e vire a massa sobre a mesa enfarinhada. Amasse durante uns 10 minutos até que a massa se torne macia e elástica. Divida-a então em 12 partes, pressionando-as para formar pequenas circunferências.

Polvilhe as assadeiras com fubá e aí coloque os bolinhos ou muffins. Cubra-os e deixe-os crescer em lugar quente, ligeiramente cobertos, cerca de 1 a 1 ½ hora – até dobrarem de volume. Antes, acenda o forno moderado – 175°C e asse-os. Levarão *em bom forno,* uns 8 minutos para assar.

ENROLADINHOS DE CANELA

INGREDIENTES:

1 colher de sopa de fermento biológico granulado para pão ou 1 tablete
1 colher de chá de mel – para o fermento
1 colher de chá de sal – opcional
½ xícara de água morna
2 ovos batidos
1 xícara de leite azedo – ou coalhada – ou iogurte
¼ xícara de mel
3 colheres de sopa de manteiga
¼ colher de chá de bicarbonato de sódio ou só a metade
3 a 4 xícaras de farinha de trigo integral

RECHEIO:

100 grs de manteiga macia
¼ xícara de mel
1 colher de sopa de canela em pó

PREPARAÇÃO:

Dissolva o fermento em água morna com 1 colher de chá de mel, em tigela grande. Cubra-a.

Aqueça o leite azedo ou coalhada ou iogurte com o mel, a manteiga e o sal. Deixe amornar. Bata os ovos e ponha junto com o fermento dissolvido; acrescente o leite com a manteiga e o sal. Junte a farinha, aos poucos, bata bem para misturar tudo, ponha o bicarbonato e mexa.

Vire sobre a mesa enfarinhada e amasse por uns 6 a 8 minutos.

Será mais fácil dividir a massa em duas partes iguais; use o rolo e faça 2 retângulos. Passe sobre eles o recheio.

Enrole como rocambole e corte em fatias. Endireite as fatias com as mãos. Se preferir cortá-las mais facilmente, embrulhe cada rolinho em plástico e ponha na geladeira por uns 15 minutos, em superfície lisa. Depois eles serão cortados com mais facilidade.

Ponha as fatias em assadeiras untadas com espaço entre elas para crescer. Cubra levemente as assadeiras e deixe crescerem em lugar quente por 1 hora. Acenda, aos 50 minutos de crescimento, o forno – moderado – 175°C e depois de 10 minutos ponha as fatias a assar. Uma assadeira por vez!

BRIOCHES

CROISSANTS

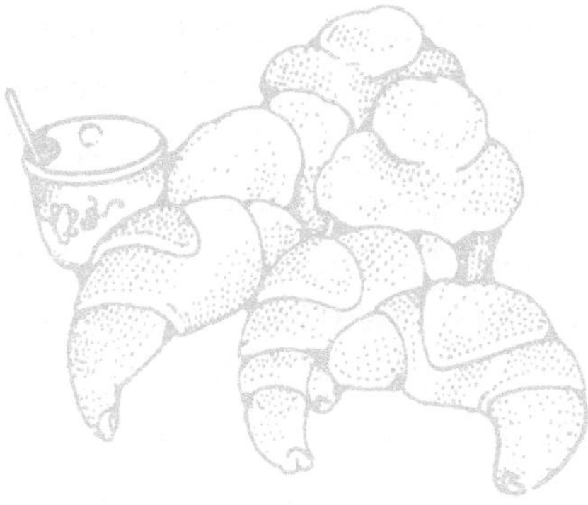

POPOVERS

BRIOCHES

INGREDIENTES:

1 colher de sopa de fermento biológico granulado para pão ou 1 tablete
½ xícara de água morna
2 colheres de chá de mel
1 colher de chá de sal e, se gostar, pode pôr mais ¼ colher de chá
3 ovos inteiros – depois de batidos reserve 1 colher de sopa para pincelar os brioches
½ xícara de manteiga amolecida
3 ½ a 4 xícaras de farinha de trigo integral

PREPARAÇÃO:

Misture muito bem a água morna, o mel e o fermento. Bata os ovos, reservando uma colher, de sopa, para pincelar depois os brioches. Junte os ovos, o sal, a manteiga amolecida e 1 xícara de farinha ao fermento dissolvido. Bata bem e vá juntando mais farinha sempre batendo após cada adição.

Vire-a sobre a mesa enfarinhada, amasse-a por uns 10 a 12 minutos até que se torne macia e elástica. Coloque-a em tigela untada, vire a parte untada para cima. Cubra e deixe crescer em lugar quente até dobrar de volume – cerca de 1 ½ hora.

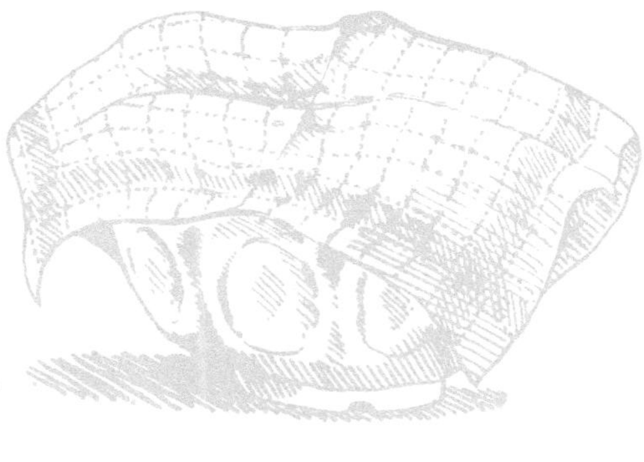

Abaixe-a, vire-a sobre a mesa enfarinhada e amasse-a por mais 2 ou 3 minutos. Coloque-a de novo na tigela untada, vire a parte untada para cima, cubra com plástico e deixe-a na geladeira por 12 horas ou durante a noite.

No dia seguinte vire a massa sobre a mesa enfarinhada e amasse-a por 3 a 5 minutos. Retire um pedaço de massa do tamanho de um limão verde e deixe-o de lado. Com o resto da massa faça uma bola e coloque-a dentro de forma redonda especial (ou não) untada, para brioche. Com o pedaço menor de massa faça uma bolinha e feche-a bem. Com o auxílio de uma faca passada na farinha, faça um corte no centro da bola grande e aí introduza a bolinha. Cubra e deixe crescer em lugar quente por 1 hora. Com o ovo batido, reservado, pincele o brioche antes de ir ao forno pré-aquecido moderado – 170°C. Ele deve ficar com bela cor!

NOTA: Esse tipo de brioche grande chama-se em francês – Brioche à Tête. Com essa massa pode-se fazer brioches pequenos que se consomem mais rapidamente e assam mais depressa. São também mais conhecidas.

CROISSANTS OU MEIA-LUA

INGREDIENTES:

2 colheres de sopa de fermento biológico granulado para pão ou 2 tabletes
¾ xícara de água morna
½ xícara de mel
1 colher de chá de sal
½ xícara de manteiga
2 ovos
4 xícaras de farinha de trigo, sendo 2 de farinha branca e 2 de farinha integral
manteiga derretida para pincelar os croissants

PREPARAÇÃO:

Dissolva o fermento em água morna, junte o mel, os ovos, a manteiga, o sal e metade da farinha. Bata até a massa ficar macia. Acrescente o resto da farinha, misture bem até formar uma massa homogênea. Cubra a tigela com um pano úmido e deixe crescer (em lugar fechado, sem correntes – pode ser no forno) até dobrar de volume, cerca de 1 ½ hora.

Vire depois sobre mesa enfarinhada, amasse por uns 2 minutos e estenda a massa com o rolo. Um jeito fácil é tomar uma vasilha redonda ou forma e com a borda marcar uma circunferência na massa.

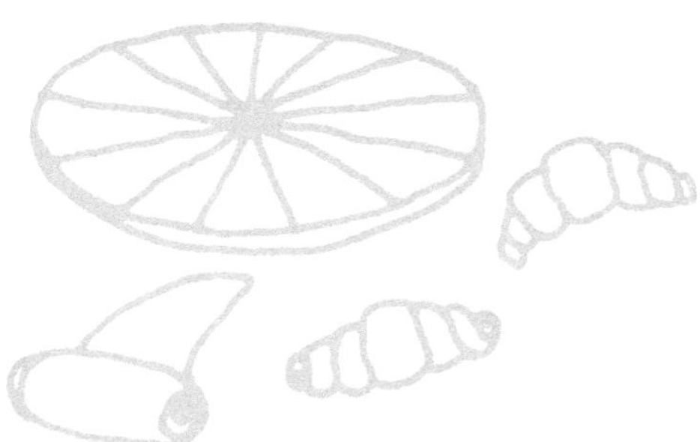

Divida longitudinalmente a circunferência em 8 partes iguais – serão todos triângulos. Enrole os croissants começando da parte mais larga. Feche bem as pontas, vire-as para fiçar como meia lua. Ponha em assadeiras untadas, cubra--os e deixe crescer em lugar quente até dobrarem de volume – cerca de 1 hora. Pincele-os com manteiga. Acenda o forno moderado – 175°C antes, e depois de alguns minutos coloque aí a 1ª assadeira. Levarão de 12 a 15 minutos para assar.

Darão entre 2 ½ a 3 dúzias dependendo do tamanho dos croissants.

Variações:

1. Pode recheá-los com manteiga, mel e nozes partidas.
2. Pode polvilhar gergelim sobre eles.

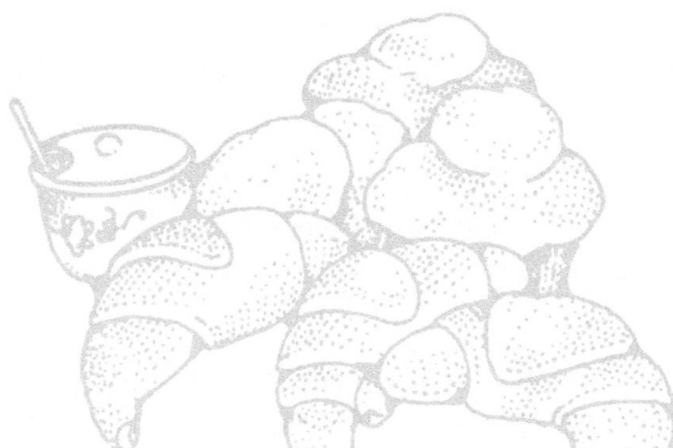

POPOVERS (*massa fofa*)

INGREDIENTES:

1 xícara de farinha de trigo integral ou $^2/_3$ de farinha branca e $^1/_3$ de farinha integral
1 colher de chá de sal
2 ovos
1 xícara de leite
1 colher de sopa de manteiga derretida – morna
(não leva fermento)

PREPARAÇÃO:

Unte 6 tacinhas pirex – se elas forem bem grandes, 4 serão suficientes.

Peneire a farinha e o sal juntos, 2 vezes, em uma tigela.

Em outra tigela bata os ovos ligeiramente, acrescente o leite e a manteiga derretida.Coloque essa mistura sobre a farinha e o sal, mexa bastante até a massa ficar macia.

Coloque nas tacinhas, enchendo-as pouco mais que a metade. Para facilitar ponha as mesmas em uma assadeira. Leve ao forno frio e acenda-o em 200°C se tiver termostato, por 50 minutos –, caso contrário, use a temperatura moderada e vigie pelo visor.

Servir imediatamente com boa manteiga.

Eles abaixam quando frios.

OBSERVAÇÕES: 1. Pode usar as formas (untadas) de muffins.
2. Espete os popovers com garfo ainda dentro do forno no momento de os retirar.

PIZZAS

186 | PIZZA I

187 | PIZZA II

PIZZA I

INGREDIENTES (RECEITA GRANDE):

1 colher de sopa de fermento biológico granulado para pão ou 1 tablete
½ xícara de água morna – para o fermento
½ colher de chá de mel ou melado – para o fermento
4 a 5 xícaras de farinha de trigo integral
1 xícara de água morna para a massa
1 colher de sopa de óleo – para a massa
1 colher de chá de sal

PREPARAÇÃO:

Dissolva o fermento em água morna (½ xícara) com o mel.

Mexa bem. Tape-o e deixe crescer por 10 minutos. Em tigela grande coloque a água morna, o óleo e o sal; despeje o fermento e pouco a pouco a farinha misturando tudo muito bem. Quando a massa estiver firme, vire-a sobre a mesa enfarinhada e amasse-a por uns 10 minutos. Se for necessário use farinha nas mãos para facilitar o trabalho de amassar.

Ponha a massa em tigela enfarinhada, cubra com toalha e deixe crescer até dobrar de volume – cerca de 1 a 1 ½ hora. Se quiser, coloque a massa para crescer já dividida em 2 bolas e deixe-as em superfície enfarinhada, cobertas, em lugar quente e sem correntes de ar.

Cada bola de massa vai dar 2 pizzas. Abra com o rolo sobre a mesa enfarinhada, faça o círculo da pizza e com os dedos pressione as beiradas para fazer os bordos da massa. Isso reterá o molho ou o queijo derretido. Note que esse processo dispensa as formas de pizzas. Forno pré-aquecido – 250°C.

Recheio à vontade – sugestões:

• Molho de tomates com azeite de oliva, pimenta, alho e queijos Muzzarela e Parmesão ralado (se for usar molho de tomate, polvilhe a massa com farinha de rosca ou com farelo de trigo. Depois, coloque o molho, os queijos e outros ingredientes).

• Temperos: basílico (também conhecido por alfavaca), orégano, ou queijo Provolone em fatias e queijo Romano ralado.

PIZZA II

INGREDIENTES:

1 colher de sopa de fermento biológico granulado para pão ou 1 tablete
1 xícara de água morna
1 colher de chá de sal
3 colheres de sopa de óleo
3 xícaras de farinha de trigo integral

NOTA: Se quiser enriquecer essa massa use 1/3 xícara de leite em pó – *sem água.*

PREPARAÇÃO:

Dissolva o fermento em 1/4 de xícara de água morna tirada da medida pedida na receita. À parte peneire a farinha. Coloque o óleo, o sal e o resto da água morna em tigela grande. Despeje o fermento bem dissolvido nessa mistura. Mexa tudo e junte, aos poucos, a farinha batendo sempre até obter massa firme. Aí amasse-a com as mãos – dentro da tigela ou sobre a mesa enfarinhada. Quando estiver homogênea e macia, deixe crescer até dobrar de volume, em lugar quente – cerca de 1 hora.

Abaixe-a e divida-a em quantas partes forem as pizzas que vai fazer. Se deixar a massa bem fininha (mesmo dentro da forma) dará 3 pizzas médias. Amasse e estenda com as mãos cada pedaço, coloque-os em formas e estenda-os até ocupar toda forma, apertando nos bordos.

Prepare os componentes: molho de tomate, queijo, presunto, orégano ou 2 ou 3 tipos de queijo, cogumelos etc. Coloque sobre as pizzas – esperar uns 10 ou 15 minutos e assar em forno pré-aquecido – 220° a 250°C.

ATENÇÃO:

1. Para evitar que o molho de tomate interfira com a consistência da massa, polvilhe sobre esta farelo de trigo ou farinha de rosca – pouco! Um ou outro absorverá a umidade e deixará a crosta bem torrada.
2. Note que essa receita pode ser dividida em 3 partes. Eu uso só 1/3 dela para 2 pessoas, assim: 1 xícara de farinha; 1/3 de xícara de água

morna; 1 colher de sopa de óleo; 1 colher de chá de fermento biológico granulado para pão; 1/3 de colher de chá de sal.

Para 2 pizzas: 1/3 de xícara de água morna; 2 colheres de chá de fermento seco; 2 colheres de óleo; 1/3 de colher de chá de sal e 2 xícaras de farinha de trigo.

Você pode fazer quantas pizzas quiser! Cada colher de sopa dá 3 colheres de chá e você já sabe dividir e usar o fermento. A massa é fácil e pode crescer à vontade no forno.

Quase na hora do jantar prepare as pizzas nas formas e deixe crescer até o momento de assar. Também pode congelar para assar em outra ocasião.

PANQUECAS

190 PANQUECAS RICAS

191 PANQUECAS COM IOGURTE

192 PANQUECAS COM GERME DE TRIGO

193 PANQUECAS COM OVOS E FARINHA DE TRIGO INTEGRAL

PANQUECAS RICAS

INGREDIENTES:

2 colheres de sopa de fermento biológico granulado para pão ou 2 tabletes
1 ½ xícaras de leite morno
1 colher de sopa de melado
2 ovos ligeiramente batidos
2 colheres de sopa de óleo
1 colher de chá de sal, ou menos se preferir
1 xícara de farinha de trigo integral
½ xícara de germe de trigo
(se usar leite desnatado, pode colocar leite em pó – ⅓ de xícara – sem água)

PREPARAÇÃO:

Dissolva o fermento no leite morno. Junte o melado, os ovos e o óleo. Acrescente os demais ingredientes e misture muito bem.

Despeje, em frigideira untada e bem quente, uma concha para cada panqueca. Deixe estar até que se formem bolhas, então vire-a do outro lado e deixe também assar. Conforme o tamanho de sua concha dará de 10 a 12 panquecas.

Pode usar grelha lisa em lugar da frigideira, é mais fácil.

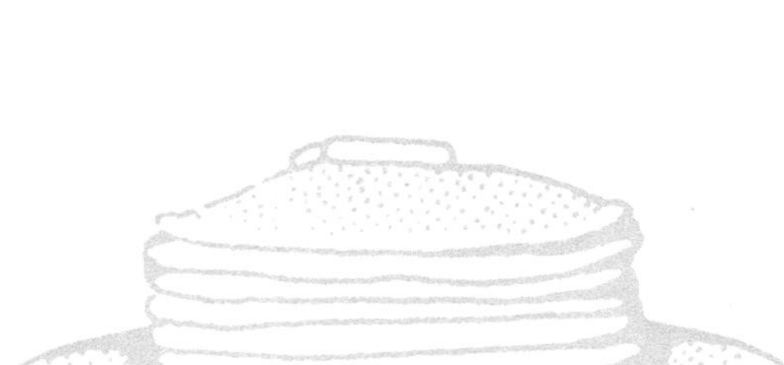

PANQUECAS COM IOGURTE

INGREDIENTES:

1 xícara de iogurte ou 1 copo de 80 ou 200 gramas
2 ovos ligeiramente batidos
3 colheres de sopa de óleo
¼ colher de chá de sal
2 xícaras de farinha de trigo integral
leite – ½ xícara ou mais dependendo da absorção da farinha

PREPARAÇÃO:

Misture em uma tigela o iogurte e os ovos; junte o óleo, o sal e a farinha. Acrescente o leite necessário para massa espessa, mas que escorra.

Unte e aqueça bem uma frigideira ou grelha lisa. Coloque uma concha pequena ou colheradas para formar panquecas não muito grandes. A receita é grande e as panquecas não são finas.

Depois de feitas podem ser servidas com morangos e mel. Podem ser colocadas em camadas – uma panqueca, morangos com mel, outra panqueca etc.

PANQUECAS COM GERME DE TRIGO

INGREDIENTES:

½ xícara de leite
1 ¼ xícaras de soro de leite (pode usar iogurte ou coalhada)
2 colheres de sopa de óleo
1 ovo
¼ colher de chá de sal
¼ xícara de germe de trigo
¾ xícara de farinha de trigo integral

PREPARAÇÃO:

Coloque todos os ingredientes, exceto o leite, no copo do liquidificador e bata até misturar tudo bem. Deixe na geladeira por meia hora ou mais.

Depois, coloque o leite e bata outra vez no liquidificador. A massa parece creme espesso.

Unte uma frigideira ou grelha e aqueça-a. Ponha 3 ou 4 colheres de sopa, de massa, na frigideira. Vire-a para a massa cobrir por igual a superfície. Aí se verifica se a massa necessita de mais leite e, se necessário, ponha mais um pouco. Asse-a até corar na parte de baixo, vire-a e asse do outro lado.

Essas panquecas devem ser finas e são servidas com recheios salgados: vegetais, frango, atum, cogumelos etc.

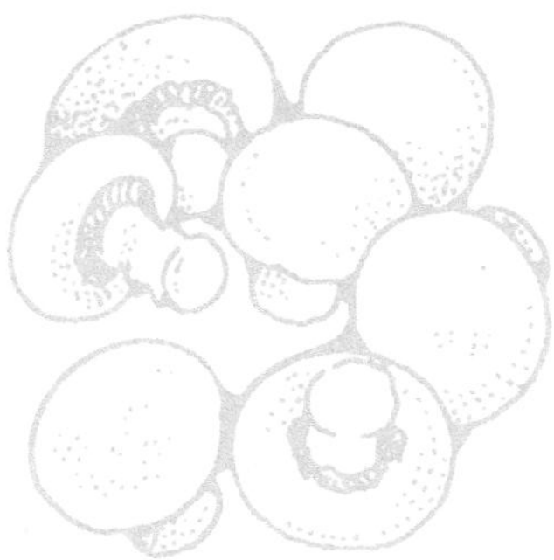

PANQUECAS COM OVOS E FARINHA DE TRIGO INTEGRAL

INGREDIENTES:

1 xícara de água
1 xícara de leite magro ou desnatado
¼ xícara de leite em pó – sem água
1 xícara de farinha de trigo integral
2 colheres de sopa de óleo
3 ovos
sal, uma pitada

PREPARAÇÃO:

Coloque tudo dentro do copo do liquidificador e bata até misturar bem. Deixe ficar na geladeira por 30 minutos ou mais.

Aqueça uma frigideira ou grelha lisa. Ponha de 3 a 4 colheres, de sopa, de massa e vire a frigideira para a massa correr e cobri-la toda. Se a massa estiver muito espessa junte água. Asse as panquecas, virando só quando estiverem coradas do lado de baixo. Deixe corar também do outro lado.

WAFFLES

196 | WAFFLES SIMPLES
197 | WAFFLES RICOS

WAFFLES SIMPLES

INGREDIENTES:

3 colheres de sopa de fermento biológico granulado, para pão ou 3 tabletes
½ xícara de água morna – para o fermento
¼ xícara de óleo ou manteiga derretida
2 xícaras de água morna
⅛ de colher de chá de sal
1 colher de chá de açúcar mascavo
2 ovos batidos
2 xícaras de farinha integral, fina

PREPARAÇÃO:

Dissolva o fermento com ½ xícara de água morna, em tigela grande. Deixe repousar em lugar quente por 5 minutos. Acrescente a água, a manteiga, o sal e o açúcar.

Bata os ovos e junte-os à mistura. Ponha a farinha aos poucos misturando tudo. Deixe essa massa repousar até começar a crescer, em lugar quente – cerca de 15 minutos.

Acenda o aparelho de waffles, unte as placas e quando quentes faça os waffles. Dá 4 grandes.

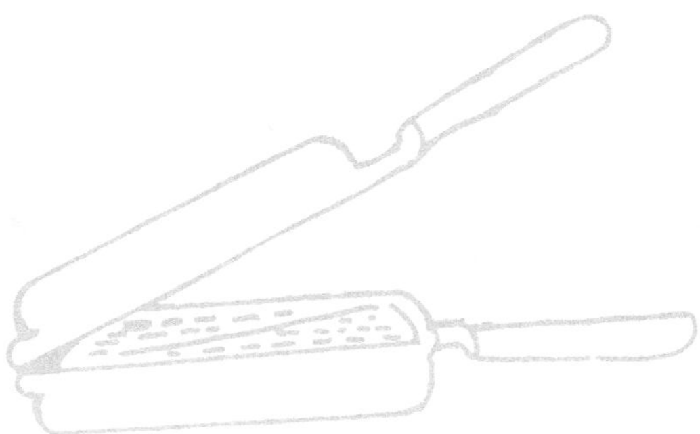

WAFFLES RICOS

INGREDIENTES:

1 colher de sopa mais 1 colher de chá de fermento biológico granulado para pão ou 1 ½ tabletes
1 xícara de água morna – para o fermento
1 xícara de leite
1 xícara de óleo
2 xícaras de água – pode ser um pouco mais ou um pouco menos
6 ovos bem batidos
2 colheres de chá de sal
2 xícaras de farinha de trigo integral
2 xícaras de farinha de soja
¾ xícara de fubá
1 xícara de germe de trigo

PREPARAÇÃO:

Dissolva o fermento na água morna em tigela pequena.

Peneire 1 xícara de farinha integral em tigela grande, ponha fermento no centro e mexa. Junte a farinha de soja, o fubá, o germe de trigo e o sal. Ponha os ovos e mexa bem.

Junte o leite, o óleo, a água e a outra xícara de farinha de trigo. Misture bem e verifique se a massa está muito pesada, nesse caso pode pôr mais água. Cubra e deixe repousar, em lugar quente, até que a mistura comece a borbulhar, cerca de 15 minutos.

Acenda o aparelho de waffles e unte as placas. Quando esquentar comece a fazer os waffles, dará 20 – grandes.

NOTA: Pode fazer só metade ou ⅓ da receita.

"Farinha, água, leite, fermento, sal, vão sofrer uma alteração. Você unirá esses elementos e os transformará numa massa suave que trabalhará com suas mãos.

Vai amassá-la acrescentando ingredientes e sabores e pensando na alegria de poder reparti-lo com a família, amigos e vizinhos. O resultado da sábia união dos elementos empregados será um pão bonito, cheiroso e com belo aspecto.

Esta transformação dará origem a um belo motivo de confraternização que tornará o seu dia de fazer pão um dia de festa!"

R.M.

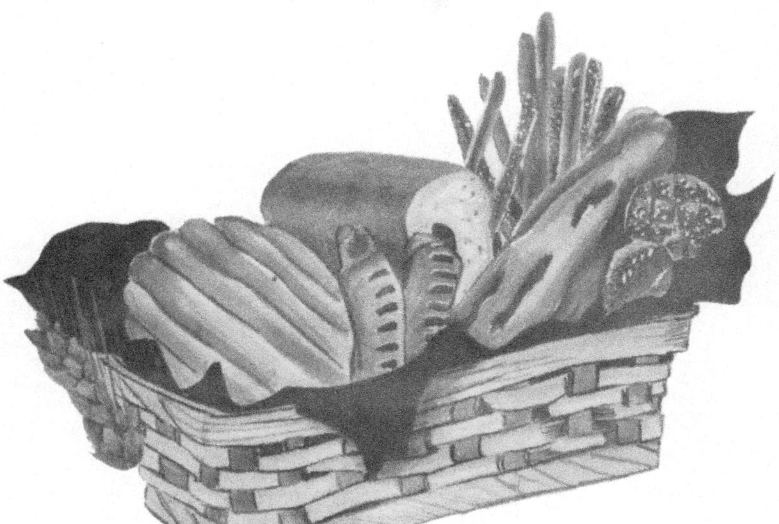

INDICE

Introdução, 9

FAZER PÃO, 11

Utensílios, 13
Ingredientes, 18
  Espécies de farinhas, 19
  Fermentos, 24
Temperaturas, 28
Proporções para a massa de pão, 29
Da massa ao pão, 29
Modelos de pão, 32
Cortes no pão, 33
Pães enrolados, 34
Tranças, 35
Pãezinhos, 36
Brioches, 37
Panetones, 37
Assar, esfriar, guardar, 38
Congelar e descongelar o pão, 39
Pão velho, sobras, 40
Avaliação dos pães, 42
Conselhos, 44

RECEITAS, 47

Pães de Trigo Integral, 49
Receita Básica de Pão Integral, 50
Pão Integral Brilhante (50%), 52
Pão Integral Amizade (para torradas), 53
Pão Integral Puro (100%), 54
Pão Integral Tropical (com melado), 55

Pão Integral Infalível (com mel – receita Grande), 56
Pão Integral Saboroso, 57
Pão Integral Saudável, 59
Pão Integral Moreninho (sem açúcar), 60
Pão Integral Suíço (adocicado com casca e suco de limão), 61
Pão em Tiras, 62
Tranças Salgadas, 64

Pãezinhos, 67
Pãezinhos Integrais Guarani (50 ou 100%), 68
Pãezinhos Integrais Alegria (para sanduíches), 70
Pãezinhos Integrais Preguiçosos (com batatas – de geladeira), 71
Pãezinhos Integrais Saudade (com diversas farinhas e mel), 72
Pãezinhos Integrais Flores-do-Campo (com variações), 73
Pãezinhos de Centeio Claros (16 a 18 pãezinhos), 75
Pãezinhos para Hamburgers, 76
Varetinhas ou Pauzinhos Salgados I, 77
Varetinhas ou Pauzinhos Salgados II, 78
Pãezinhos sem Colesterol, 79

Pães Orientais, 81
Chapati (pão indiano), 82
Puri (pão indiano – frito ou assado), 83
Pita (estufam, podem ser recheados), 84

Pães de Triguilho *(trigo quebrado para quibe)*, 87
Pão de Triguilho Flor Bela (com nozes), 88
Pão de Triguilho Campestre (com centeio e soro de leite), 89
Pão de Triguilho Silueta (receita grande), 91

Pães de Centeio, 93
Pão de Centeio Limpa (de origem sueca), 94
Pão de Centeio Colonial (com melado), 95
Pão de Centeio Floresta Negra (com cerveja), 96
Pão de Centeio Sueco, 97
Pão de Centeio Juventude, 98

Pão de Centeio Robusto (com germe de trigo – massa mole), 100
Pão Escuro de Centeio Terra Rica, 101
Pão de Centeio Bronzeado (para sanduíches), 103

Pães de Fubá, 105
Pão de Fubá Caboclo (com farinha de trigo integral), 106
Pão de Fubá Solitário (com farinha de trigo integral), 107

Pães de Germe de Trigo, 109
Pão de Germe de Trigo Delicioso (com farelo), 110
Pão de Germe de Trigo Volúvel (com farelo torrado), 112
Pão de Germe de Trigo Brasileiro (com farinha de soja – não sovado), 114

Pumperncikel *(pães escuros de centeio integral)*, 115
Pumpernickel Festivo (com passas), 116
Pumpernickel Montanha Escura (com melado), 118
Pumpernickel Folhas de Outono (com farinhas diversas e batatas), 120
Pumpernickel Moderno (com triticale ou centeio e trigo integral), 122

Pães de Soja, 125
Pão de Soja Monjolo (com germe de trigo e farinha integral), 126
Pão de Soja Genuíno (com a farinha e o leite da soja), 128
Pão de Soja Boa-Vizinhança (com maçãs e nozes – doce), 129

Pães de Aveia, 131
Pão de Aveia Simpatia (com mel), 132
Pão de Aveia Caprichoso (com mel e passas), 134
Pão de Aveia Festa Junina (com melado), 136
Pão de Aveia Dia de Chuva (com melado e farinha de trigo integral), 137
Pão de Aveia Bom-Dia (com ovos), 139
Pão de Aveia Escamas (coberto com aveia), 140

Pães de Trigo Sarraceno ou Mourisco, 143
Pão de Trigo Sarraceno Granjeiro (com aveia e trigo integral), 144
Pão de Trigo Sarraceno Citadino (com nozes), 146

Pães com Misturas de Cereais, 149
Pão Três Farinhas Tricolor, 150
Pão Três Farinhas Vigor (com germe de trigo), 151

Pão Cinco Farinhas Esperança (a ser preparado de véspera), 152
Pão Quatro Cereais Atleta, 153

Pães com Tubérculos e Legumes, 155
Pão Integral Fazendinha (com água de batatas), 156
Pão Integral Tesouro da Terra (com batatas e leite), 157
Pão Integral Reminiscência, 159
Pão Integral Fraternidade (com batatas, mel e leite em pó), 160
Pão Integral Camponês (com batatas e ovos), 161
Pão Integral Limpa-Geladeira (para aproveitar as sobras), 162

Pães-Bolos, 165
Pão-Bolo América Morena (receita básica), 166
Pão-Bolo Meia-Lua (com açúcar e canela), 167
Pão-Bolo Frutos da Terra (com maçãs e passas), 169

Muffins *(bolinhos)*, 171
Muffins Trânsito-Livre (com farelo e farinha de trigo integral), 172
Muffins de Abóbora Tarde de Inverno (adocicados), 173
Muffins Areia (com batata), 175
Enroladinhos de Canela (em fatias), 176

Brioches, Croissants e Popovers, 179
Brioches (de geladeira), 180
Croissants ou Meia-Lua, 182
Popovers (massa fofa), 184

Pizzas, 185
Pizza I (receita grande), 186
Pizza II (com massa de pão), 187

Panquecas, 189
Panquecas Ricas, 190
Panquecas com Yogurte (sem fermento), 191
Panquecas com Germe de Trigo (com iogurte ou soro de leite), 192
Panquecas com Ovos e Farinha de Trigo Integral, 193

Waffles, 195
Waffles Simples, 196
Waffles Ricos (com diversas farinhas), 197

SUGAR BLUES
O gosto amargo do açúcar
William Dufty

Sugar Blues é um livro audacioso, profético, chocante, elaborado por um escritor e pesquisador que esmiúça séculos de história secreta, folclores esquecidos, sábias tradições dos antigos e conceitos científicos inconsistentes, para trazer à tona a verdade sobre a mais dissimulada droga que dissolve os dentes e os ossos de toda uma civilização: a sacarose refinada, comumente chamada açúcar.

LEITE, ALIMENTO OU VENENO?
Robert Cohen

Numa revelação sem precedentes você vai descobrir que o leite contribui para a doença cardíaca, aumenta o risco de câncer de mama, não é uma boa fonte de cálcio e é uma das principais causas de outros graves problemas de saúde. Esta realidade é fruto de séria controvérsia trazida à luz pela engenharia genética, e coloca a indústria de laticínios sob investigação rigorosa.

A COZINHA QUE CURA

a nova cozinha macrobiótica para corpo, mente e espírito saudáveis

Kristina Turner

Mais do que um livro de receitas, este manual é extremamente prático para pessoas ocupadas (e algumas crianças) que desejam descobrir uma maneira mais saborosa de viverem saudáveis. Com muitas tabelas de autoajuda e exercícios de autocura, é um livro indispensável que integra macrobiótica, psicologia, nutrição moderna e humor (uma visão planetária de cura).

A DIETA DOS GRUPOS SANGUÍNEOS

Manual prático

Anita Heßmann-Kosaris

O livro aborda um conhecimento alimentar-científico revolucionário: o de que nosso sangue decide se a alimentação será bem tolerada ou não pelo nosso corpo. A obra explica como funciona essa dieta. A distribuição dos alimentos nas classes específicas dos grupos sanguíneos e nas categorias de tolerância do organismo: benéfica, neutra e a evitar fornecem ao leitor um relance rápido e prático. Contém ainda planos de alimentação e muitas sugestões de cardápio com receitas variadas.